Dedicato al caro e vecchio Citofono!

La Natura conflittuale dei commenti sui Social Networks

Dritti al "Punto!"

La Natura Polemica e Conflittuale dei Commenti sui Social Networks

I social network, nati come piattaforme per la connessione e la condivisione, si sono evoluti in spazi di dibattito pubblico che riflettono le dinamiche della società contemporanea. Tuttavia, uno degli aspetti più controversi di queste piattaforme è la natura polemica e conflittuale dei commenti che spesso vi si trovano. Questo fenomeno solleva interrogativi sulla psicologia individuale, le dinamiche di gruppo e il ruolo delle piattaforme stesse nel plasmare le interazioni online.

Le cause della polemica online

La natura conflittuale dei commenti sui social network deriva da diversi fattori, tra cui:

1. L'anonimato e la distanza fisica:

L'anonimato (o la percezione di esso) e l'assenza di interazioni faccia a faccia riducono il senso di responsabilità personale. Questo consente agli utenti di esprimere opinioni in modo più crudo, senza temere le conseguenze immediate. La distanza emotiva facilita inoltre la disumanizzazione dell'interlocutore, favorendo l'insulto e l'aggressività.

2. La dinamica del rinforzo positivo:

Sui social network, i "like" e i commenti di supporto fungono da rinforzo per i comportamenti provocatori. Espressioni estreme, polemiche o conflittuali tendono ad attirare maggiore attenzione rispetto ai messaggi neutrali, incentivando ulteriormente il tono divisivo.

3. Il bias di conferma e le bolle di filtraggio:

Gli algoritmi dei social media, progettati per massimizzare l'engagement, tendono a esporre gli utenti a contenuti che rafforzano le loro opinioni preesistenti. Questo meccanismo alimenta il bias di conferma e crea bolle di filtraggio, dove le opinioni opposte vengono percepite come attacchi personali, intensificando lo scontro.

4. La spettacolarizzazione del dibattito:

I social network trasformano ogni discussione in uno spettacolo pubblico, dove il valore di un commento è spesso misurato dalla sua capacità di generare reazioni, piuttosto che dalla sua profondità o validità. Questo incoraggia gli utenti a privilegiare affermazioni forti, spesso provocatorie, per ottenere visibilità.

Le conseguenze sociali e psicologiche

Il clima di conflitto sui social network ha effetti significativi sia a livello individuale che collettivo:

Stress e alienazione: Partecipare o anche solo assistere a discussioni polemiche può generare stress e senso di alienazione. Gli utenti possono sentirsi sopraffatti dall'ostilità e sviluppare un atteggiamento cinico nei confronti delle interazioni online.

Polarizzazione sociale: Le discussioni online tendono a estremizzare le posizioni, riducendo la possibilità di dialogo costruttivo e accentuando la divisione tra gruppi con opinioni opposte.

Normalizzazione della violenza verbale: La costante esposizione a toni aggressivi può portare a una normalizzazione della violenza verbale, influenzando anche le interazioni nella vita offline.

Il ruolo delle piattaforme

Le piattaforme social non sono spettatrici passive di questo fenomeno, ma attori chiave nella sua diffusione. Gli algoritmi che privilegiano contenuti polarizzanti, l'assenza di regole chiare e l'inefficacia dei sistemi di moderazione contribuiscono a creare un terreno fertile per la polemica.

Tuttavia, alcune iniziative dimostrano che un cambiamento è possibile. Ad esempio, piattaforme come Reddit e Discord hanno introdotto sistemi di moderazione comunitaria per limitare i contenuti tossici. Allo stesso modo, funzioni come il "tempo di riflessione" prima di pubblicare un commento e la promozione di contenuti educativi possono ridurre la conflittualità.

Prospettive per il futuro

Per affrontare la natura polemica dei social network, è necessario un approccio integrato che coinvolga utenti, piattaforme e istituzioni:

1. Educazione digitale: Promuovere l'alfabetizzazione digitale per aiutare gli utenti a riconoscere e gestire le dinamiche tossiche.

2. Responsabilità delle piattaforme: Le aziende tecnologiche devono adottare politiche più rigorose per contrastare la disinformazione e il linguaggio d'odio.

3. Promozione di spazi alternativi: Creare piattaforme che privilegino il dialogo costruttivo e la collaborazione anziché il conflitto.

I commenti sui social network riflettono la complessità delle interazioni umane, amplificata dalle caratteristiche uniche di queste piattaforme. Comprendere e mitigare la natura polemica e conflittuale delle discussioni online è una sfida cruciale per preservare la coesione sociale e promuovere una comunicazione più empatica e rispettosa. L'evoluzione dei social media richiede una collaborazione tra tecnologia e umanità, per creare spazi in cui il dialogo possa fiorire senza essere soffocato dal conflitto.

Alcune Piattaforme tra le più rilevanti

La nascita e la storia di Facebook: da un progetto universitario a un fenomeno globale

Facebook, il più grande social network del mondo, ha una storia affascinante che affonda le sue radici nei dormitori di Harvard, per poi espandersi fino a diventare un colosso tecnologico globale. Questa piattaforma ha rivoluzionato il modo in cui le persone comunicano, condividono informazioni e si connettono tra loro.

Gli inizi: da Harvard al mondo intero

La storia di Facebook inizia nel febbraio del 2004, quando Mark Zuckerberg, uno studente di informatica di Harvard, insieme ai suoi compagni di stanza Eduardo Saverin, Andrew McCollum, Dustin Moskovitz e Chris Hughes, lancia "TheFacebook". Originariamente concepito come una piattaforma per gli studenti di Harvard, il sito consentiva agli utenti di creare profili personali, caricare foto e connettersi con altri studenti attraverso le proprie reti universitarie.

Il successo fu immediato: nel giro di poche settimane, la piattaforma si espanse ad altre università della Ivy League e, successivamente, ad altre istituzioni accademiche negli Stati Uniti. Nel 2005, il nome fu abbreviato in Facebook, con l'acquisto del dominio "facebook.com" per 200.000 dollari.

L'espansione globale

Nel 2006, Facebook aprì le sue porte al pubblico, consentendo a chiunque avesse un indirizzo email di registrarsi. Questo segnò un punto di svolta cruciale nella sua evoluzione. La piattaforma cominciò a crescere rapidamente, attirando milioni di utenti da tutto il mondo. A favorire questa espansione fu anche l'introduzione di funzionalità innovative, come il News Feed, lanciato nel 2006, che consentiva agli utenti di vedere gli aggiornamenti in tempo reale delle attività dei propri amici.

L'ingresso in borsa e il consolidamento come colosso tecnologico

Il 2012 fu un anno storico per Facebook: la società entrò in borsa, raccogliendo 16 miliardi di dollari nella sua offerta pubblica iniziale (IPO). Nello stesso anno, Facebook raggiunse un traguardo significativo, superando 1 miliardo di utenti attivi mensili.

Negli anni successivi, Facebook acquisì diverse aziende per espandere la propria portata e diversificare i suoi servizi. Tra le acquisizioni più importanti ci sono Instagram (2012), WhatsApp (2014) e Oculus VR (2014), che hanno rafforzato la presenza dell'azienda nei settori dei social media, della messaggistica e della realtà virtuale.

Controversie e critiche

Nonostante il suo successo, Facebook ha affrontato numerose controversie nel corso degli anni. La piattaforma è stata spesso criticata per questioni legate alla privacy, alla diffusione di disinformazione e al suo ruolo nei processi elettorali. Uno dei momenti più critici fu lo scandalo Cambridge Analytica del 2018, che sollevò interrogativi sull'uso dei dati personali degli utenti e portò Zuckerberg a testimoniare davanti al Congresso degli Stati Uniti.

Facebook oggi

Nel 2021, l'azienda madre di Facebook ha cambiato nome in Meta Platforms, riflettendo l'ambizione di Zuckerberg di costruire un metaverso: un universo virtuale in cui le persone possono interagire, lavorare e giocare. Nonostante la concorrenza di altre piattaforme social, come TikTok e Twitter, Facebook rimane un pilastro fondamentale del panorama digitale, con oltre 2,9 miliardi di utenti attivi mensili nel 2023.

Da un semplice sito per studenti universitari a un colosso tecnologico globale, Facebook ha cambiato per sempre il modo in cui le persone interagiscono e condividono informazioni. Sebbene il suo percorso sia stato segnato da sfide e controversie, il ruolo di Facebook nella storia di Internet e nella vita quotidiana di miliardi di persone è innegabile. La sua evoluzione continua a modellare il futuro della comunicazione e della tecnologia.

Instagram

La nascita e la storia di Instagram: un viaggio nell'evoluzione di un social network rivoluzionario

Instagram, uno dei social network più popolari al mondo, ha trasformato il modo in cui le persone condividono momenti, comunicano e scoprono nuovi contenuti. Ma come è nato questo fenomeno globale? Ripercorriamo la sua storia, dalle origini all'ascesa che lo ha portato a diventare un pilastro della cultura digitale.

Le origini: l'idea di due giovani imprenditori

Instagram è nato il 6 ottobre 2010 grazie all'intuizione di Kevin Systrom e Mike Krieger, due giovani appassionati di tecnologia. L'idea iniziale di Systrom era sviluppare un'applicazione chiamata Burbn, un social network basato sulla geolocalizzazione e ispirato alla cultura dei cocktail. Tuttavia, il progetto si rivelò troppo complesso, e i fondatori decisero di semplificarlo concentrandosi su una funzionalità specifica: la condivisione di fotografie.

L'obiettivo principale era creare una piattaforma che rendesse la fotografia accessibile a tutti, combinando semplicità d'uso e strumenti creativi. Nacque così Instagram, il cui nome deriva dall'unione delle parole "instant" (istantaneo) e "telegram" (messaggio).

Il lancio e il successo immediato

L'app fu lanciata inizialmente solo per dispositivi iOS. Nel giro di poche ore, Instagram registrò oltre 25.000 download, un numero impressionante per un'applicazione appena lanciata. Entro pochi mesi, la piattaforma raggiunse un milione di utenti.

Ciò che distingueva Instagram era l'introduzione di filtri fotografici unici, che permettevano agli utenti di modificare le immagini in modo creativo e immediato. Questa innovazione, unita a un'interfaccia semplice e intuitiva, rese l'app irresistibile per gli appassionati di fotografia e non solo.

L'acquisizione da parte di Facebook

Il vero punto di svolta nella storia di Instagram avvenne nell'aprile 2012, quando Facebook acquisì la piattaforma per un miliardo di dollari. All'epoca, Instagram contava circa 30 milioni di utenti ed era appena stata resa disponibile per dispositivi Android. L'acquisizione segnò l'inizio di una nuova fase di crescita e sviluppo.

Sotto la guida di Facebook, Instagram introdusse numerose funzionalità innovative, tra cui i video (2013), le Stories (2016) e IGTV (2018). Le Stories, in particolare, si ispirarono a un'idea lanciata inizialmente da Snapchat e divennero rapidamente una delle caratteristiche più amate della piattaforma.

L'evoluzione verso una piattaforma globale

Negli anni successivi, Instagram si è trasformato da un semplice social network per la condivisione di foto a una piattaforma multifunzionale. Oggi, è uno strumento fondamentale per il marketing, l'e-commerce e la promozione personale. La funzione Shopping, lanciata nel 2018, consente agli utenti di acquistare prodotti direttamente dall'app, collegando brand e consumatori in modo innovativo.

Allo stesso tempo, Instagram è diventato un punto di riferimento per influencer, creativi e aziende di ogni dimensione. La piattaforma ha dato vita a un'intera economia basata sulla creazione di contenuti e sulla sponsorizzazione.

Sfide e futuro

Nonostante il suo successo, Instagram ha affrontato diverse sfide, tra cui questioni legate alla salute mentale degli utenti, alla privacy e alla concorrenza di piattaforme emergenti come TikTok. Tuttavia, continua a innovare con nuove funzionalità, come i Reels, che rispondono alla domanda di contenuti video brevi.

Il futuro di Instagram sarà probabilmente segnato dall'ulteriore integrazione con il metaverso e da un focus crescente sull'intelligenza artificiale per migliorare l'esperienza degli utenti.

Dalla sua nascita nel 2010, Instagram ha rivoluzionato il modo in cui le persone comunicano e condividono la loro vita online. Con oltre 2 miliardi di utenti attivi mensili, la piattaforma continua a evolversi, rimanendo al centro della cultura digitale e adattandosi alle esigenze di un mondo in costante cambiamento.

La nascita e la storia di TikTok: un fenomeno globale

TikTok è oggi una delle piattaforme social più popolari al mondo, ma la sua storia è relativamente recente e caratterizzata da una crescita esponenziale che ha trasformato il panorama dei social media.

Le origini di TikTok

TikTok nasce in Cina nel settembre 2016 con il nome Douyin (抖音), sviluppato dalla società tecnologica ByteDance. Douyin era destinato al mercato cinese, mentre per il mercato internazionale, nel settembre 2017, ByteDance lancia TikTok. Entrambe le piattaforme condividono lo stesso software, ma operano separatamente a causa delle restrizioni del governo cinese su Internet.

La piattaforma si basa su un concetto semplice: creare e condividere brevi video, della durata compresa tra 15 secondi e 10 minuti, arricchiti con effetti visivi, filtri, musica e strumenti di editing intuitivi.

L'acquisizione di Musical.ly

Uno degli eventi chiave nella storia di TikTok è l'acquisizione, nel novembre 2017, della popolare app Musical.ly da parte di ByteDance per circa 1 miliardo di dollari. Musical.ly, lanciata nel 2014, era particolarmente popolare tra i giovani in Nord America ed Europa per i suoi video musicali sincronizzati. Nel 2018, ByteDance decide di unire le due piattaforme, trasferendo gli utenti di Musical.ly su TikTok e consolidandone la presenza a livello globale.

L'ascesa di TikTok

Dopo la fusione con Musical.ly, TikTok inizia a guadagnare popolarità in modo esponenziale. Grazie alla sua interfaccia user-friendly, all'algoritmo basato sull'intelligenza artificiale e alla capacità di rendere virali i contenuti, la piattaforma conquista milioni di utenti in tutto il mondo. Entro la fine del 2018, TikTok è l'app più scaricata in App Store, superando colossi come Facebook e Instagram.

Il successo globale

TikTok si distingue per il suo algoritmo altamente personalizzato, che suggerisce contenuti agli utenti in base alle loro interazioni. La piattaforma incoraggia la creatività e l'interazione attraverso challenge, trend e collaborazioni tra utenti. È diventata un punto di riferimento per musicisti, influencer e brand, trasformandosi in un motore di cultura pop.

Durante la pandemia di COVID-19, TikTok ha registrato un boom di utenti. Bloccati a casa, milioni di persone hanno iniziato a utilizzare l'app per intrattenersi, creare contenuti e connettersi con gli altri.

Le controversie

Nonostante il successo, TikTok ha affrontato diverse sfide. La piattaforma è stata oggetto di scrutinio per questioni legate alla privacy dei dati, con accuse di raccogliere informazioni sensibili sugli utenti. Nel 2020, il governo degli Stati Uniti, sotto l'amministrazione Trump, ha minacciato di vietare l'app a meno che ByteDance non vendesse le sue operazioni statunitensi. Sebbene il divieto non sia mai stato attuato,

TikTok ha dovuto affrontare continue preoccupazioni legate alla sicurezza dei dati.

TikTok oggi

Ad oggi, TikTok conta oltre 1 miliardo di utenti attivi mensili ed è disponibile in più di 150 paesi. È diventata una piattaforma fondamentale per il marketing digitale, l'intrattenimento e l'espressione creativa. Ha dato vita a nuove carriere, influenzato l'industria musicale e plasmato nuove tendenze culturali.

TikTok è un esempio lampante di come un'idea innovativa possa cambiare radicalmente il modo in cui le persone si connettono e si esprimono. Con la sua crescita apparentemente inarrestabile, il futuro di TikTok continuerà a influenzare non solo il mondo dei social media, ma anche la cultura globale.

Una Panoramica

I social network sono piattaforme digitali che facilitano la connessione e l'interazione tra individui, comunità e organizzazioni. Negli ultimi anni, hanno rivoluzionato il modo in cui comunichiamo, condividiamo informazioni e ci relazioniamo. Ecco una panoramica dei principali social network attualmente in uso:

Facebook Lanciato nel 2004, Facebook è una delle piattaforme più utilizzate al mondo, con circa 2,9 miliardi di utenti attivi mensili. Permette di condividere testi, foto, video e link, oltre a offrire funzionalità per la creazione di gruppi tematici e pagine aziendali.

YouTube Piattaforma di condivisione video creata nel 2005, YouTube conta oltre 2,5 miliardi di utenti attivi mensili. È diventata una fonte primaria per contenuti video, tra cui tutorial, intrattenimento e informazione.

WhatsApp Servizio di messaggistica istantanea acquisito da Meta, conta circa 2 miliardi di utenti attivi mensili. Consente l'invio di messaggi di testo, chiamate vocali e video, oltre alla condivisione di file multimediali.

Instagram Lanciato nel 2010 e successivamente acquisito da Meta, Instagram ha circa 1,47 miliardi di utenti attivi mensili. È focalizzato sulla condivisione di foto e video, con funzionalità come Stories e Reels che incentivano la creatività degli utenti.

WeChat Piattaforma cinese multifunzionale con circa 1,26 miliardi di utenti attivi mensili. Oltre alla messaggistica, offre servizi come pagamenti digitali, giochi e social networking.

TikTok App di condivisione video in formato breve che ha guadagnato rapidamente popolarità, con circa 1 miliardo di utenti attivi mensili. È particolarmente apprezzata per contenuti creativi e virali, soprattutto tra i giovani.

LinkedIn Social network professionale con circa 310 milioni di utenti attivi mensili. È utilizzato per networking professionale, ricerca di lavoro e condivisione di contenuti legati al mondo del lavoro.

Snapchat Piattaforma di messaggistica multimediale con circa 557 milioni di utenti attivi mensili. È nota per i messaggi effimeri e i filtri AR, ed è particolarmente popolare tra i più giovani.

Pinterest Social network basato sulla condivisione di immagini, con circa 444 milioni di utenti attivi mensili. Gli utenti possono "pinnare" immagini su bacheche tematiche, utilizzate spesso per trarre ispirazione su vari argomenti.

Twitter Piattaforma di microblogging con circa 436 milioni di utenti attivi mensili. Permette la condivisione di brevi messaggi chiamati "tweet" ed è spesso utilizzata per discussioni in tempo reale su eventi e notizie.

Reddit Community online con circa 430 milioni di utenti attivi mensili, organizzata in "subreddit" tematici. È un luogo di discussione su una vasta gamma di argomenti, dalla tecnologia alla cultura pop.

Telegram Servizio di messaggistica focalizzato sulla privacy, con circa 550 milioni di utenti attivi mensili. Offre chat crittografate, canali pubblici e gruppi con un elevato numero di partecipanti.

Tumblr Piattaforma di microblogging e social networking che consente agli utenti di pubblicare contenuti multimediali e brevi post di testo. È particolarmente popolare tra gli artisti e le comunità creative.

Clubhouse Social network basato su chat audio in tempo reale. Ha guadagnato popolarità per le sue "stanze" dove gli utenti possono partecipare a discussioni vocali su vari argomenti.

Discord Piattaforma di comunicazione progettata inizialmente per i gamer, ma ora utilizzata da diverse comunità. Offre chat testuali, vocali e video, con la possibilità di creare server tematici.

Twitch Piattaforma di live streaming focalizzata principalmente sui videogiochi, ma che ha ampliato i suoi contenuti includendo musica, arte e talk show. Conta circa 140 milioni di utenti attivi mensili.

Weibo Conosciuto come il "Twitter cinese", è una piattaforma di microblogging con circa 573 milioni di utenti attivi mensili. È utilizzata per condividere aggiornamenti, notizie e contenuti multimediali.

QQ

QQ: Una Piattaforma Multifunzionale che Ridefinisce la Comunicazione Digitale

QQ, sviluppata dalla società cinese Tencent, è una delle piattaforme di comunicazione e intrattenimento più popolari al mondo. Nata inizialmente come un semplice software di messaggistica istantanea nel 1999, QQ è evoluta fino a diventare un ecosistema digitale completo, offrendo una vasta gamma di servizi che spaziano dalla comunicazione personale al gaming, dall'e-commerce all'intrattenimento.

Un Pioniere della Messaggistica

Quando fu lanciata, QQ si affermò rapidamente come una delle prime applicazioni di messaggistica istantanea in Cina, simile a ICQ o MSN Messenger. La sua interfaccia semplice e le funzionalità come chat di gruppo, emoticon personalizzabili e trasferimenti di file la resero estremamente popolare tra i giovani. Con il passare del tempo, Tencent ha ampliato le funzionalità di QQ, integrando chiamate vocali e video, traduzioni in tempo reale e una solida infrastruttura per la comunicazione aziendale.

Un Ecosistema Digitale Integrato

QQ non si limita alla messaggistica: è un vero e proprio hub digitale. Alcune delle sue principali caratteristiche includono:

1. Gaming: Tencent è uno dei principali attori nel mondo dei videogiochi, e QQ offre un accesso diretto a numerosi titoli di successo. La piattaforma permette anche il matchmaking e la creazione di comunità di giocatori.

2. Intrattenimento: QQ Music è una delle app di streaming musicale più utilizzate in Cina, offrendo un'ampia libreria di brani locali e internazionali. Inoltre, gli utenti possono accedere a film, serie TV e contenuti animati attraverso QQ Video.

3. E-commerce: QQ integra funzionalità di shopping online, consentendo agli utenti di acquistare prodotti direttamente dall'app.

4. Social Network: QQ Zone è una piattaforma di blogging e social media integrata che consente agli utenti di condividere aggiornamenti, foto, video e pensieri con i loro contatti.

5. Servizi Educativi e Lavorativi: Durante la pandemia, QQ si è affermata anche come strumento per la didattica a distanza, grazie a funzionalità come le aule virtuali e la condivisione di documenti in tempo reale.

Accessibilità e Personalizzazione

Una delle chiavi del successo di QQ è la sua flessibilità. La piattaforma è accessibile su dispositivi mobili, desktop e web, garantendo una connessione costante tra gli utenti. Inoltre, QQ offre un alto grado di personalizzazione, permettendo agli utenti di modificare temi, avatar e persino creare i propri sticker.

La Sfida Internazionale

Nonostante il suo successo in Cina, QQ ha affrontato sfide significative nel competere con giganti globali come WhatsApp e Facebook Messenger al di fuori del mercato domestico. Tuttavia, continua a essere una scelta popolare in paesi asiatici e tra le comunità cinesi all'estero.

QQ rappresenta molto più di un'app di messaggistica: è un ecosistema che collega persone, intrattiene e offre strumenti per il lavoro e lo studio. Con un'innovazione continua e l'espansione delle sue funzionalità, QQ rimane una piattaforma essenziale nel panorama digitale cinese e globale.

WhatsApp

WhatsApp è un'applicazione di messaggistica istantanea e VoIP lanciata nel 2009 da Jan Koum e Brian Acton, due ex dipendenti di Yahoo!. Il nome "WhatsApp" deriva dall'unione dell'espressione inglese "What's up?" (come va?) con "App", abbreviazione di applicazione.

L'idea di creare WhatsApp nacque quando Koum, dopo aver acquistato un iPhone, intuì le potenzialità delle applicazioni mobili. Nel febbraio 2009, fondò WhatsApp Inc. in California. Inizialmente, l'applicazione presentava diversi problemi tecnici, tanto che Koum pensò di abbandonare il progetto. Tuttavia, Acton lo incoraggiò a perseverare e, nell'ottobre 2009, riuscì a ottenere un finanziamento di 250.000 dollari da cinque ex colleghi di Yahoo!, diventando cofondatore dell'azienda.

WhatsApp 2.0, rilasciata nell'agosto 2009, introdusse un componente di messaggistica che fece crescere rapidamente il numero di utenti attivi a 250.000. Successivamente, l'applicazione fu resa disponibile anche per dispositivi BlackBerry e Android. Nel giugno 2009, con l'introduzione delle notifiche push da parte di Apple, WhatsApp implementò la funzione che notificava agli utenti le modifiche di stato dei propri contatti, aumentando ulteriormente l'engagement.

Nel 2014, Facebook acquisì WhatsApp per circa 19,3 miliardi di dollari, segnando una delle più grandi acquisizioni nel settore tecnologico. Da allora, l'applicazione ha continuato a crescere, superando i 2 miliardi di utenti attivi nel 2020. WhatsApp ha introdotto numerose funzionalità nel corso degli anni, tra cui chiamate vocali e video, condivisione di documenti, posizione in tempo reale e, più recentemente, la possibilità di modificare i messaggi entro 15 minuti dall'invio.

Oggi, WhatsApp è una delle applicazioni di messaggistica più utilizzate al mondo, con una presenza significativa in regioni come le Americhe, il subcontinente indiano e gran parte dell'Europa e dell'Africa. La sua evoluzione continua a influenzare il modo in cui le persone comunicano a livello globale.

YouTube

La nascita e la storia di YouTube: la piattaforma che ha rivoluzionato il mondo del video online

YouTube è una delle piattaforme più influenti della storia di internet, capace di trasformare il modo in cui le persone creano, condividono e consumano contenuti video. La sua evoluzione, dal lancio nel 2005 a oggi, è un esempio lampante di come un'idea innovativa possa cambiare il panorama digitale globale.

La nascita di YouTube

YouTube è stato fondato il 14 febbraio 2005 da tre ex dipendenti di PayPal: Chad Hurley, Steve Chen e Jawed Karim. L'idea è nata dalla loro frustrazione nell'inviare e condividere video tramite email o piattaforme esistenti. Il concetto era semplice: creare uno spazio dove chiunque potesse caricare, guardare e condividere video con facilità.

Il primo video caricato su YouTube è stato "Me at the zoo", pubblicato da Jawed Karim il 23 aprile 2005. Questo video, girato allo zoo di San Diego, dura appena 19 secondi, ma ha segnato l'inizio di una rivoluzione. Sebbene rudimentale, rappresentava perfettamente l'essenza del progetto: offrire a tutti la possibilità di esprimersi liberamente.

L'acquisizione da parte di Google

La rapida crescita di YouTube attirò l'attenzione di giganti tecnologici. Nel novembre 2006, a poco più di un anno dal lancio, Google acquisì YouTube per 1,65 miliardi di dollari in azioni. Questa mossa strategica consolidò la posizione di YouTube come leader nel settore dei video online e permise alla piattaforma di accedere alle risorse e alla tecnologia di Google.

L'evoluzione della piattaforma

Nel corso degli anni, YouTube ha continuato a innovare e adattarsi. Tra le tappe più significative troviamo:

1. Monetizzazione dei contenuti (2007): L'introduzione del Programma Partner ha permesso ai creatori di guadagnare dai propri video attraverso la pubblicità.

2. Espansione globale: YouTube è diventato disponibile in decine di lingue, rendendolo accessibile a utenti di tutto il mondo.

3. Lancio di nuove funzionalità:

YouTube Live (2011): per lo streaming in diretta.

YouTube Red (ora YouTube Premium, 2015): un servizio a pagamento senza pubblicità.

Shorts (2020): una risposta ai video brevi e virali di TikTok.

4. Collaborazioni e contenuti originali: Con l'avvento di YouTube Originals e collaborazioni con celebrità e marchi, la piattaforma ha ampliato il suo appeal, entrando anche nel settore dell'intrattenimento tradizionale.

L'impatto culturale e sociale

YouTube non è solo una piattaforma tecnologica; è un fenomeno culturale. Ha dato origine a nuove carriere, come quelle degli YouTuber, trasformando persone comuni in celebrità globali. Inoltre, ha democratizzato la creazione di contenuti, permettendo a chiunque di raccontare storie, educare, intrattenere o persino avviare movimenti sociali.

Non sono mancate le controversie. La piattaforma è stata criticata per la diffusione di contenuti inappropriati, fake news e problemi legati alla moderazione. Tuttavia, YouTube ha continuato a implementare politiche per migliorare l'esperienza degli utenti e garantire un ambiente più sicuro.

Oggi, con oltre 2 miliardi di utenti attivi mensili, YouTube è una delle piattaforme più visitate al mondo. Da un'idea nata per semplificare la condivisione di video, si è trasformato in uno strumento essenziale per la comunicazione, l'istruzione e l'intrattenimento. Guardando al futuro, YouTube continuerà a evolversi, influenzando il modo in cui le persone si connettono e interagiscono attraverso i video.

Twitter e X

La Macchina della Storia di Twitter: Un Viaggio nel Tempo dei Social Media

Twitter, nato nel marzo del 2006 grazie a Jack Dorsey, Biz Stone, Noah Glass e Evan Williams, è una piattaforma che ha trasformato il modo in cui le persone condividono e consumano informazioni. La sua essenza risiede nella semplicità: 280 caratteri per comunicare, informare e creare dibattito. Ma dietro la sua interfaccia minimalista si cela una storia complessa di evoluzioni tecnologiche, cambiamenti aziendali e impatti culturali.

Le Origini: Dalla Semplicità all'Innovazione

L'idea di Twitter nacque durante una sessione di brainstorming presso Odeo, una startup focalizzata sui podcast. Jack Dorsey immaginò una piattaforma che permettesse di condividere aggiornamenti brevi in tempo reale, ispirandosi agli SMS. Il primo tweet della storia, inviato da Dorsey il 21 marzo 2006, recitava: "just setting up my twttr."

All'inizio, Twitter era conosciuto come "Twttr", un nome ispirato alla moda di eliminare le vocali e al desiderio di creare un suono simile al cinguettio degli uccelli. Questa semplicità concettuale si tradusse in un'interfaccia utente intuitiva che attrasse rapidamente utenti curiosi e creativi.

L'Ascesa: La Piattaforma delle Rivoluzioni

Twitter divenne presto sinonimo di informazione in tempo reale. Durante eventi come la Primavera Araba (2010-2012), la piattaforma si affermò come uno strumento cruciale per l'organizzazione di proteste e la diffusione di notizie. Con il tempo, hashtag come #BlackLivesMatter e #MeToo hanno dimostrato il potenziale di Twitter nel catalizzare movimenti sociali e dare voce agli oppressi.

Parallelamente, la piattaforma è diventata il punto di riferimento per celebrità, giornalisti e politici, tra cui l'ex presidente degli Stati Uniti Donald Trump, che ha utilizzato Twitter come megafono per comunicare direttamente con milioni di seguaci.

Le Sfide: Controversie e Trasformazioni Aziendali

Nonostante il suo successo, Twitter ha affrontato numerose difficoltà. Le accuse di mancata moderazione dei contenuti, la diffusione di disinformazione e i problemi di privacy hanno spesso messo l'azienda sotto i riflettori.

Nel 2022, Twitter è stato acquisito da Elon Musk per 44 miliardi di dollari. Questa mossa ha segnato una svolta drammatica nella storia dell'azienda. Musk ha implementato numerosi cambiamenti, tra cui l'introduzione di Twitter Blue (un abbonamento a pagamento), una maggiore enfasi sulla monetizzazione dei contenuti e una controversa politica di moderazione. Inoltre, nel 2023, Twitter ha cambiato il suo nome in "X", segnando una nuova era per la piattaforma.

L'Eredità di Twitter

Nonostante le trasformazioni e le controversie, Twitter (o X) rimane una delle piattaforme più influenti del panorama digitale. Ha definito il concetto di "microblogging", influenzando profondamente la cultura e il giornalismo moderni.

Oggi, la "macchina della storia" di Twitter è un archivio vivente di idee, conversazioni e momenti cruciali che hanno plasmato il XXI secolo. Che si tratti di eventi globali o di storie personali, Twitter ha dimostrato che anche i pensieri più brevi possono lasciare un segno duraturo nella storia.

SnapChat

La Nascita e la Storia: Da App per Giovani a Fenomeno Globale

Snapchat è una delle app di messaggistica e social media più innovative degli ultimi anni. La sua storia, fatta di creatività, intuizioni e cambiamenti nel modo di comunicare, ha influenzato profondamente il panorama digitale e la cultura giovanile.

Le Origini di Snapchat

Snapchat è stato creato nel 2011 da tre studenti universitari della Stanford University: Evan Spiegel, Bobby Murphy e Reggie Brown. L'idea iniziale alla base dell'app nasce da un concetto innovativo: rendere i messaggi temporanei e visibili solo per pochi secondi. Questo concetto venne sviluppato quando Spiegel, il fondatore e CEO di Snapchat, stava lavorando su un progetto scolastico incentrato sulla creazione di un'app per condividere immagini e video.

L'idea di base era quella di permettere agli utenti di inviare contenuti che scomparissero automaticamente dopo essere stati visualizzati. Questo avrebbe eliminato la paura di conservare informazioni o immagini compromettenti, un aspetto che all'epoca stava generando preoccupazioni sulla privacy online.

La Prima Versione e il Loro Successo Iniziale

Snapchat venne lanciato ufficialmente nel luglio del 2011, inizialmente sotto il nome di "Picaboo". Tuttavia, poco dopo, nel settembre dello stesso anno, cambiò nome in Snapchat. La piattaforma era semplice e innovativa: gli utenti potevano scattare foto o girare brevi video e inviarli a una lista selezionata di amici. L'elemento distintivo era che i contenuti inviati venivano autodistrutti dopo pochi secondi, rendendo l'app una sorta di "messaggistica effimera". Non c'era bisogno di preoccuparsi di archiviarli o che venissero condivisi ulteriormente.

Il successo iniziale di Snapchat fu alimentato soprattutto dal passaparola tra i giovani universitari e le scuole superiori, che apprezzavano la possibilità di comunicare senza lasciare tracce permanenti.

L'Innovazione delle Storie e dei Filtri

Nel 2013, Snapchat ha introdotto una funzionalità che sarebbe diventata iconica: le "Storie". Le Storie permettevano agli utenti di pubblicare una serie di immagini e video che restano visibili per 24 ore prima di scomparire. Questa funzionalità ha preso ispirazione da un concetto già utilizzato da altre piattaforme, ma l'approccio effimero di Snapchat ha reso le Storie particolarmente attraenti per un pubblico giovane.

Sempre nel 2013, Snapchat ha lanciato i filtri, che hanno ulteriormente arricchito l'esperienza visiva dell'app. I filtri permettevano agli utenti di aggiungere effetti divertenti, come orecchie da cane o maschere, alle foto e ai video, rendendo i contenuti più coinvolgenti e virali.

L'Ascesa e la Popolarità Globale

Con l'introduzione delle Storie, Snapchat ha acquisito una popolarità crescente, specialmente tra i giovani. Nel 2014, l'app ha raggiunto un milione di utenti giornalieri, e nel 2015, Snapchat ha superato i 100 milioni di utenti attivi mensili. La piattaforma è diventata un punto di riferimento nel panorama dei social media, influenzando anche altre app come Instagram e Facebook, che hanno poi copiato l'idea delle Storie.

Nel corso degli anni, Snapchat ha continuato a innovare con nuove funzionalità, come la realtà aumentata, l'integrazione di giochi all'interno dell'app e l'introduzione di nuove opzioni per le pubblicità. L'introduzione delle "lenti" di realtà aumentata nel 2015 ha dato agli utenti la possibilità di sperimentare con filtri ancora più interattivi e coinvolgenti.

L'Offerta Pubblicitaria e la Borsa

Nel 2017, Snapchat ha fatto il suo debutto in borsa con una IPO (offerta pubblica iniziale) che ha portato la società a una valutazione di circa 24 miliardi di dollari. Nonostante alcuni alti e bassi iniziali, il modello di business di Snapchat, basato su pubblicità targettizzata, ha continuato a crescere, supportato da un'utenza giovane e altamente attiva.

Le aziende hanno iniziato a utilizzare Snapchat per lanciare pubblicità innovative, sfruttando le storie sponsorizzate, i filtri personalizzati e le campagne con influencer per raggiungere un pubblico giovane e connesso in modo innovativo.

Le Sfide e la Concorrenza

Nonostante il suo successo, Snapchat ha dovuto affrontare una feroce concorrenza, in particolare da parte di Instagram e Facebook, che hanno rapidamente integrato funzionalità simili a quelle di Snapchat, come le Storie e i filtri. Tuttavia, Snapchat ha continuato a mantenere la sua identità con innovazioni come la realtà aumentata e l'esplorazione di nuove modalità di interazione.

Nel 2020, Snapchat ha registrato una crescita significativa degli utenti attivi giornalieri, superando i 250 milioni. L'app ha continuato a evolversi per rimanere rilevante, introducendo nuove funzionalità come le "Snap Map", che permettono agli utenti di condividere la loro posizione in tempo reale con gli amici, e "Snap Originals", che offre contenuti video esclusivi per gli utenti.

Oggi, Snapchat è più di un'app per inviare foto e video che scompaiono. È un fenomeno globale che ha cambiato il modo in cui i giovani si connettono e comunicano. Con un modello di messaggistica effimera, funzionalità di realtà aumentata e un forte focus su contenuti visivi, Snapchat ha influenzato profondamente il panorama dei social media. La sua capacità di rimanere al passo con i cambiamenti nelle abitudini digitali e di anticipare le nuove tendenze le ha permesso di continuare a prosperare, nonostante la crescente competizione.

LinkedIn: Storia, Origini e Sviluppi

LinkedIn, la piattaforma di social networking professionale, è oggi uno degli strumenti più potenti per il networking, la ricerca di lavoro e lo sviluppo delle carriere a livello globale. Fondata nel 2002, ha attraversato diverse fasi di evoluzione che l'hanno trasformata da una semplice piattaforma di connessione professionale a un ecosistema completo per il business e il reclutamento.

Le Origini di LinkedIn

LinkedIn è stato fondato da Reid Hoffman insieme a Allen Blue, Konstantin Guericke, Eric Ly e Jean-Luc Vaillant, cinque ex dipendenti di PayPal. L'idea alla base della creazione di LinkedIn era semplice: fornire una piattaforma che permettesse ai professionisti di connettersi, condividere esperienze e opportunità lavorative in modo più efficace. La missione originale era di rendere il networking professionale più accessibile, senza gli ostacoli e le limitazioni delle connessioni tradizionali.

Il sito fu lanciato nel maggio del 2003, inizialmente come una piattaforma di networking solo su invito, che permetteva agli utenti di creare profili professionali e connettersi con altre persone del loro settore. LinkedIn si distingueva fin dall'inizio per la sua focalizzazione sulle connessioni professionali e sulla costruzione di una rete di contatti mirati.

La Crescita e lo Sviluppo

Nei primi anni, LinkedIn riuscì a guadagnare un buon numero di utenti, ma la vera crescita arrivò dopo il 2005, quando la piattaforma aprì la registrazione a tutti gli utenti, senza necessità di un invito. Questo cambiamento permise alla piattaforma di attrarre una base di utenti molto più ampia, tra cui professionisti di ogni settore e anche piccole imprese.

Nel 2006, LinkedIn introdusse il sistema delle raccomandazioni, che consentiva agli utenti di scrivere testimonianze sulle capacità professionali dei propri collegamenti. Questo aggiunse un ulteriore valore alla piattaforma, poiché i profili degli utenti divennero una risorsa più affidabile per chi cercava informazioni su potenziali datori di lavoro o collaboratori.

L'acquisizione di altre funzionalità come la messaggistica diretta, i gruppi tematici e le pagine aziendali fece crescere LinkedIn come punto di riferimento non solo per chi cercava lavoro, ma anche per chi voleva promuovere il proprio brand professionale o aziendale.

L'Acquisizione da Parte di Microsoft

Nel 2016, LinkedIn fece un grande passo verso l'integrazione con altre tecnologie, con l'acquisizione da parte di Microsoft per circa 26,2 miliardi di dollari, la più grande acquisizione di Microsoft fino a quel momento. L'acquisizione ha permesso a LinkedIn di espandere ulteriormente la propria influenza nel mondo degli affari, integrandosi con i prodotti Microsoft come

Office 365 e Dynamics, facilitando la connessione tra professionisti e strumenti aziendali.

Innovazioni Recenti e Funzionalità Aggiuntive

Negli anni più recenti, LinkedIn ha continuato a evolversi, introducendo funzionalità innovative per rispondere alle esigenze di una base utenti sempre più diversificata. La piattaforma ha lanciato LinkedIn Learning, una sezione dedicata ai corsi professionali online, offrendo così la possibilità di aggiornare le proprie competenze e migliorare il proprio profilo.

LinkedIn ha anche reso il processo di reclutamento più fluido, migliorando gli strumenti per i recruiter e per chi cerca lavoro. La funzione di "Candidatura con LinkedIn" ha semplificato la modalità di applicazione a offerte di lavoro, mentre la possibilità di sponsorizzare contenuti ha dato alle aziende una piattaforma per raggiungere il pubblico in modo mirato.

Inoltre, LinkedIn ha continuato a enfatizzare il contenuto professionale, incentivando la pubblicazione di articoli e post attraverso la propria piattaforma. Gli utenti possono così condividere le proprie opinioni, esperienze e competenze con la propria rete, aumentando la loro visibilità professionale.

Il Ruolo di LinkedIn Oggi

Oggi LinkedIn è una piattaforma globale con oltre 900 milioni di utenti attivi in tutto il mondo. È diventato il principale strumento di networking professionale, non solo per chi cerca lavoro, ma anche per le aziende che desiderano trovare talenti, per i professionisti che vogliono aggiornarsi o creare contenuti, e per le persone che vogliono semplicemente rimanere informate sugli sviluppi del proprio settore.

La piattaforma ha anche acquisito un ruolo fondamentale nel mondo del marketing, con molte aziende che utilizzano LinkedIn per campagne pubblicitarie mirate, sondaggi professionali, e per costruire una forte presenza aziendale attraverso le pagine aziendali.

LinkedIn ha avuto una straordinaria evoluzione, passando da una piattaforma di nicchia a uno degli strumenti più importanti nel panorama globale professionale. La sua capacità di adattarsi e innovare nel tempo, unita alla sua visione di migliorare il networking e lo sviluppo professionale, ha fatto di LinkedIn uno degli strumenti più influenti nel mondo del business moderno. Con l'integrazione di nuove funzionalità e un focus costante sulla connessione tra professionisti, LinkedIn continuerà sicuramente a crescere e a evolversi negli anni a venire.

iTunes

La Storia, le Origini e gli Sviluppi di

iTunes è stato uno dei software più rivoluzionari nel panorama musicale e digitale, segnando un cambiamento fondamentale nel modo in cui gli utenti acquistano, ascoltano e gestiscono la musica, i film e altri contenuti multimediali. Lanciato da Apple nel 2001, iTunes ha avuto un impatto profondo sull'industria musicale e sulla distribuzione di contenuti digitali.

Le Origini di iTunes

iTunes nasce come risposta a un mercato in rapida evoluzione. Negli anni '90, la pirateria digitale, rappresentata principalmente da software di condivisione file come Napster, aveva minato il modello tradizionale di acquisto della musica. Apple, allora ancora una compagnia focalizzata sul software e sul mercato dei computer, decide di entrare nel mondo della musica digitale con un software che fosse legale, user-friendly e che rispondesse alle esigenze dei consumatori.

Nel gennaio 2001, Apple lancia **iTunes 1.0** per il sistema operativo Mac OS, un'applicazione di gestione della libreria musicale che permetteva agli utenti di organizzare i propri file MP3, creare playlist e ascoltare musica. iTunes era progettato per integrarsi perfettamente con l'ecosistema Apple, ma ben presto divenne evidente che l'azienda voleva spingersi oltre la semplice gestione della musica.

L'Avvento dell'Apple Store e la Rivoluzione dell'Industria Musicale

Nel 2003, Apple introduce l'**iTunes Store**, un marketplace che permette agli utenti di acquistare brani musicali a pagamento per un prezzo standard di 99 centesimi di dollaro per canzone. Questa mossa segna l'inizio di una vera e propria rivoluzione nel mercato della musica digitale. Il negozio online, che inizialmente offriva circa 200.000 brani, è stato subito un successo, grazie alla sua interfaccia semplice e all'approccio legale al download musicale. L'idea di Apple era di offrire un'alternativa legale alla pirateria digitale, favorendo l'acquisto di singoli brani piuttosto che album interi, dando così libertà agli utenti di costruire la propria libreria musicale a proprio piacimento.

L'**iTunes Store** ha rapidamente guadagnato popolarità, spingendo la vendita di brani musicali digitali al livello che conosciamo oggi. Entro il 2008, iTunes era diventato il più grande rivenditore di musica al mondo.

iTunes e l'Integrazione con i Dispositivi Apple

Uno dei motivi del successo di iTunes è stata la sua perfetta integrazione con i dispositivi Apple. Nel 2001, Apple introduce l'**iPod**, un lettore musicale portatile che si connetteva direttamente con iTunes, permettendo agli utenti di sincronizzare la loro libreria musicale in modo semplice e veloce. L'iPod e iTunes sono diventati essenziali per l'esperienza musicale digitale, dando vita a un ecosistema che ha continuato ad evolversi.

Con il passare degli anni, iTunes ha ampliato la sua offerta per includere anche film, programmi televisivi, audiolibri e app. Nel 2010, iTunes diventa la piattaforma di riferimento per la distribuzione di **applicazioni iOS**, con l'introduzione dell'**App Store**, che consente agli sviluppatori di vendere e distribuire le proprie app per dispositivi Apple. Questo ha ulteriormente consolidato la posizione di iTunes come hub centrale per il mondo digitale Apple.

Il Declino e la Sostituzione con le Piattaforme di Streaming

A partire dal 2015, iTunes ha iniziato a sentire il peso dei cambiamenti nel comportamento dei consumatori. Con l'ascesa di servizi di **streaming musicale** come **Spotify** e **Apple Music**, il modello di acquisto di singoli brani e album via download ha cominciato a perdere popolarità. Nel 2019, Apple annuncia che iTunes sarebbe stato sostituito da tre nuove app: **Apple Music**, **Apple TV** e **Apple Podcasts**. Questa mossa segna la fine di una lunga era per iTunes, che nel corso di due decenni ha svolto un ruolo fondamentale nell'evoluzione della musica e dei contenuti digitali.

Dati Salienti su iTunes

1. **Lancio e Versioni**:
   - iTunes 1.0 è stato lanciato il 9 gennaio 2001.
   - Nel 2003, l'iTunes Store è stato aperto per la vendita di musica.
   - Nel 2019, iTunes è stato sostituito da Apple Music, Apple TV e Apple Podcasts.

2. **iTunes Store**:
   - Al suo picco, l'iTunes Store contava oltre 43 milioni di brani disponibili per l'acquisto.
   - Nel 2008, iTunes ha superato i 6 miliardi di brani venduti.
   - Nel 2013, iTunes Store ha venduto più di 25 miliardi di canzoni.

3. **iPod e iTunes**:
   - Nel 2001, Apple lanciò l'iPod con una capacità di 5 GB, consentendo agli utenti di ascoltare musica tramite iTunes.
   - L'integrazione tra iTunes e iPod ha rivoluzionato il mercato della musica portatile.

iTunes ha avuto un ruolo cruciale nel ridisegnare il panorama della musica digitale e nella creazione di un mercato legale per i contenuti digitali. Ha reso semplice l'acquisto, l'ascolto e la gestione della musica, trasformando Apple in una delle aziende tecnologiche più influenti al mondo. Anche se oggi iTunes è stato sostituito da servizi di streaming come Apple Music, il suo impatto sulla cultura musicale e sull'industria digitale rimane indelebile.

Viber

La Storia, le Origini e i Dati Salienti

Viber è una delle applicazioni di messaggistica più popolari al mondo, conosciuta per la sua capacità di consentire agli utenti di inviare messaggi di testo, effettuare chiamate vocali e videochiamate in modo gratuito tramite internet. La sua storia, le origini e i dati salienti hanno contribuito a farla emergere come una delle piattaforme di comunicazione più utilizzate a livello globale.

Le Origini di Viber

Viber è stata fondata nel 2010 da **Talmon Marco** e **Ofer Smoch**. I due imprenditori israeliani avevano un obiettivo chiaro: creare un'applicazione che permettesse alle persone di comunicare in modo economico e senza barriere, utilizzando la connessione internet invece delle reti tradizionali di telefonia mobile. L'idea era di offrire chiamate vocali gratuite e messaggi di testo, abbattendo le tariffe telefoniche internazionali e rispondendo alla crescente domanda di comunicazione mobile attraverso l'uso di internet.

Nel 2010, Viber fu lanciata inizialmente come un'applicazione per dispositivi iOS (iPhone). La risposta fu immediatamente positiva, poiché l'app combinava un'interfaccia user-friendly con funzionalità che permettevano agli utenti di chiamare gratuitamente chiunque altro avesse Viber, senza doversi preoccupare delle limitazioni geografiche o dei costi elevati.

Crescita e Acquisizione da parte di Rakuten

Nel giro di pochi anni, Viber ha ampliato la propria base di utenti, arrivando a supportare anche dispositivi Android e successivamente altre piattaforme come Windows Phone. Nel 2014, Viber è stata acquisita dal colosso giapponese **Rakuten** per circa 900 milioni di dollari, una mossa che ha aiutato l'app a espandere ulteriormente le sue funzionalità, integrando nuove caratteristiche e accrescendo la sua visibilità a livello internazionale. Rakuten ha visto in Viber un'opportunità strategica per entrare nel mercato della messaggistica e dei contenuti digitali.

La successiva evoluzione dell'app ha visto l'introduzione di molteplici funzionalità, come le videochiamate, le chiamate di gruppo, e il supporto per l'invio di immagini, file audio e video, oltre alla possibilità di effettuare chiamate a numeri fissi e mobili a pagamento, ma a tariffe competitive.

Caratteristiche Salienti di Viber

1. **Messaggistica e Chiamate VoIP**: La funzione principale di Viber è la messaggistica istantanea e le chiamate vocali gratuite tramite VoIP (Voice over Internet Protocol). Questa funzionalità consente agli

utenti di comunicare gratuitamente con qualsiasi altro utente Viber, ovunque nel mondo, a condizione che abbiano una connessione a internet.

2. **Videochiamate**: Viber è stato uno dei primi servizi a supportare videochiamate gratuite, il che ha contribuito ad aumentare la sua popolarità, soprattutto nei contesti in cui le videochiamate erano un lusso o un servizio costoso.

3. **Viber Out**: Questa funzione permette agli utenti di effettuare chiamate verso numeri di telefoni fissi o mobili, a livello internazionale, a tariffe molto più basse rispetto a quelle tradizionali. Questo ha rappresentato un modo per attrarre utenti che volevano approfittare della convenienza dei servizi VoIP pur non essendo tutti i loro contatti sulla piattaforma Viber.

4. **Gruppi e Canali**: Viber permette anche la creazione di gruppi di conversazione fino a 250 membri e canali pubblici, che sono stati utilizzati da aziende, influencer e media per raggiungere un pubblico più vasto.

5. **Sticker e GIF**: La personalizzazione delle comunicazioni è un altro punto di forza di Viber. Gli utenti possono arricchire i loro messaggi con stickers, emoji e GIF, che sono molto popolari per esprimere emozioni e aggiungere un tocco personale alle conversazioni.

6. **Sicurezza e Privacy**: Viber ha implementato la crittografia end-to-end per proteggere le comunicazioni degli utenti, una caratteristica che si è

rivelata molto apprezzata in un'epoca in cui la privacy e la sicurezza online sono diventati temi centrali.

Dati Salienti e Presenza Globale

Ad oggi, Viber conta oltre **1 miliardo di utenti** registrati in tutto il mondo, con una presenza significativa in paesi come Russia, Ucraina, India, Turchia e alcune nazioni del Medio Oriente. Anche se WhatsApp e Facebook Messenger dominano il mercato globale della messaggistica, Viber si è distinta per aver mantenuto una base di utenti fedeli grazie alle sue funzionalità innovative e al continuo miglioramento della user experience.

Nel 2020, Viber ha visto un aumento dell'utilizzo in diverse regioni, dovuto anche alla pandemia di COVID-19, che ha spinto molte persone a utilizzare le videochiamate e i servizi di messaggistica come mezzo di comunicazione quotidiano. In particolare, la funzione di chiamata di gruppo e le videochiamate hanno registrato un'impennata di utilizzo, con una crescita del 50% nel numero di chiamate di gruppo durante il periodo di lockdown.

Conclusioni

Viber ha sicuramente rivoluzionato il modo in cui le persone comunicano a livello globale, combinando la semplicità delle tradizionali chiamate telefoniche con la potenza di internet. La sua continua innovazione e la capacità di adattarsi alle esigenze degli utenti sono le ragioni per cui l'app ha mantenuto una forte posizione nel panorama delle comunicazioni digitali. Con la continua evoluzione del mercato delle app di messaggistica, Viber continuerà probabilmente a giocare un ruolo importante nell'offrire nuove esperienze di comunicazione, puntando sulla facilità d'uso, l'accessibilità e la protezione della privacy degli utenti.

Integrazione utile

*La crittografia end-to-end è un **metodo di sicurezza che protegge le comunicazioni**. Grazie alla crittografia end-to-end, nessuno, compresi Google e terze parti, può leggere i messaggi idonei durante il trasferimento tra il tuo smartphone e quello a cui invii messaggi.*

Telegram

La Nascita, la Storia e gli Sviluppi

Telegram è una delle piattaforme di messaggistica più popolari e utilizzate al mondo, conosciuta per le sue funzionalità avanzate, la sicurezza e l'enfasi sulla privacy. Fondata nel 2013 dai fratelli Nikolai e Pavel Durov, i creatori di VKontakte (un social network russo), Telegram ha guadagnato un posto di rilievo nel panorama digitale, superando in termini di innovazione molte delle app concorrenti. Vediamo la storia, la nascita e gli sviluppi che hanno portato Telegram a diventare ciò che è oggi.

La Nascita di Telegram

Telegram nasce in un contesto tecnologico e politico particolare. I Durov, noti per il loro impegno nel mondo della tecnologia e per le loro esperienze con il social network

VKontakte, decisero di creare una piattaforma di messaggistica che rispondesse a due esigenze fondamentali: **privacy** e **sicurezza**.

L'idea alla base di Telegram era quella di fornire un'alternativa alle app di messaggistica esistenti, come WhatsApp, che già all'epoca non garantivano livelli elevati di protezione dei dati degli utenti. Pavel Durov, il fondatore, era già un nome noto in Russia, ma le sue posizioni politiche libertarie e il rifiuto di cedere alle pressioni governative lo avevano portato ad essere estromesso dalla gestione di VKontakte. Ciò lo spinse a creare Telegram come una piattaforma indipendente, libera da interferenze esterne e centrata sulla libertà e la protezione della privacy degli utenti.

La Sicurezza al Centro

Telegram è stata una delle prime app di messaggistica a introdurre la crittografia end-to-end per le conversazioni private, una misura che protegge i messaggi da intercettazioni esterne. Questa caratteristica ha rappresentato un'importante differenza rispetto ad altri servizi, che pur adottando misure di sicurezza, non offrivano una protezione così forte. Nel 2014, Telegram ha anche introdotto la possibilità di inviare messaggi auto-distruggenti, una funzione che ha contribuito a rafforzare l'immagine di Telegram come piattaforma sicura.

Nel tempo, Telegram ha evoluto il suo sistema di crittografia e ha introdotto ulteriori miglioramenti. Ad esempio, nel 2018, l'azienda ha rilasciato un protocollo crittografico open-source chiamato **MTProto**, progettato per migliorare ulteriormente la velocità e la sicurezza della piattaforma. Questo ha dato a Telegram un vantaggio competitivo rispetto ad altre app di messaggistica, ma ha anche attirato l'attenzione di governi e autorità che richiedevano l'accesso ai dati degli utenti.

La Crescita Esponenziale

Telegram ha rapidamente guadagnato popolarità in tutto il mondo grazie alle sue funzionalità avanzate e al suo impegno per la privacy. Tra le caratteristiche che hanno attratto molti utenti ci sono:

1. **Canali e Gruppi**: Telegram permette agli utenti di creare canali (per la diffusione di messaggi a un numero illimitato di persone) e gruppi (con capacità che possono arrivare a 200.000 membri), utilizzati per discussioni e per la creazione di comunità online.

2. **Bot**: Telegram ha introdotto i bot, programmi automatici che eseguono azioni personalizzate in base alle richieste degli utenti, come la gestione di gruppi, la creazione di giochi, e l'interazione con applicazioni esterne.

3. **Funzionalità Multimediali**: Telegram supporta una vasta gamma di file multimediali, tra cui immagini, video e documenti, che possono essere inviati senza le limitazioni di spazio imposte da altre piattaforme.

4. **Piattaforma Cloud**: Telegram archivia i messaggi nel cloud, consentendo agli utenti di accedere ai propri dati da qualsiasi dispositivo senza doverli salvare localmente. Questa funzione ha reso Telegram particolarmente interessante per chi usa più dispositivi.

5. **Personalizzazione**: Telegram offre ampie possibilità di personalizzazione, consentendo agli utenti di modificare l'interfaccia e le impostazioni a loro piacimento, creando un'esperienza utente altamente personalizzabile.

Sviluppi e Innovazioni

Nel corso degli anni, Telegram ha continuato a evolversi con l'introduzione di nuove funzionalità che hanno ampliato il suo pubblico e la sua utilità. Tra queste:

1. **Telegram Desktop e Web**: Oltre alla versione mobile, Telegram ha sviluppato versioni desktop e web della sua piattaforma, rendendola accessibile da PC, tablet e browser senza compromettere la sicurezza.

2. **Telegram Premium**: Nel 2022, Telegram ha introdotto un piano a pagamento, **Telegram Premium**, che offre agli utenti funzionalità avanzate, come l'aumento delle dimensioni dei file inviabili, più opzioni di personalizzazione, e una maggiore velocità di download.

3. **Videochiamate di Gruppo**: Telegram ha implementato la possibilità di effettuare videochiamate di gruppo, una funzionalità che ha reso la piattaforma ancora più completa rispetto ad altre app di messaggistica.

4. **Stickers e Emoji**: Telegram ha anche introdotto stickers e emoji personalizzati, che hanno contribuito a rendere la piattaforma più interattiva e divertente per gli utenti.

5. **Miglioramenti alla Privacy e Sicurezza**: Con ogni aggiornamento, Telegram ha cercato di migliorare ulteriormente la protezione dei dati. Funzionalità come la doppia autenticazione e le chat segrete hanno permesso agli utenti di avere un controllo maggiore sulla propria privacy.

Telegram Oggi

Oggi, Telegram conta oltre 700 milioni di utenti attivi e continua a crescere in modo costante. È utilizzato non solo per le chat tra amici, ma anche da gruppi, aziende, istituzioni e persino da giornalisti e attivisti per la sua capacità di offrire un'alternativa sicura e senza censura alle piattaforme tradizionali.

In molti paesi, Telegram è stato utilizzato come strumento di comunicazione durante eventi politici, manifestazioni e crisi, grazie alla sua capacità di garantire comunicazioni sicure anche in contesti di alta sorveglianza o censura.

Nonostante le critiche e i tentativi di bloccare la piattaforma in alcuni paesi, Telegram ha mantenuto la sua posizione come una delle app più affidabili e sicure del mercato. La visione dei Durov, che fin dall'inizio hanno voluto una piattaforma indipendente e aperta, ha guidato la crescita di Telegram e lo ha portato a essere un punto di riferimento nel mondo della comunicazione digitale.

Telegram è molto più di una semplice app di messaggistica: è una piattaforma che ha ridefinito i parametri della comunicazione online, mettendo la sicurezza e la privacy al centro della sua missione. Con il suo costante impegno nell'innovazione e nell'espansione delle funzionalità,

Telegram ha conquistato una base di utenti fedele e sta continuando a evolversi come una delle piattaforme di messaggistica più influenti al mondo.

Tumbler

La Storia e l'Evoluzione: Un'icona della Cultura Online

La Nascita: Un Nuovo Modo di Condividere

Tumblr è una piattaforma di microblogging che è diventata un punto di riferimento per milioni di utenti in tutto il mondo. La sua creazione risale al 2007, quando il giovane sviluppatore David Karp, all'età di 20 anni, ha lanciato il sito con l'intento di creare uno spazio che permettesse agli utenti di esprimersi liberamente e di condividere contenuti in modo facile e veloce.

L'idea di Karp era quella di unire il concetto di blog tradizionali con un formato più veloce, accessibile e visivamente orientato. In pratica, Tumblr offriva agli utenti la possibilità di postare testi, foto, citazioni, link, audio e video, tutti in un unico spazio. Questo approccio ha attratto una vasta gamma di utenti, dai giovani ai creativi, dagli appassionati di moda a quelli di arte, rendendo Tumblr una piattaforma altamente dinamica e variegata.

Il Crescita e l'Innovazione di Tumblr

Il 2007 segna l'inizio di una piccola ma rapida ascesa. Tumblr cresce velocemente grazie alla sua interfaccia semplice e alla possibilità di personalizzare i propri blog con temi unici. All'inizio, la piattaforma si distingue per una forte presenza di contenuti visivi, con un'enfasi sulle immagini, i GIF e i video, elementi che diventeranno presto un marchio di fabbrica del sito.

Nel 2008, Tumblr aveva già raggiunto i 500.000 utenti e continuava a espandersi rapidamente. La sua popolarità è cresciuta ancora di più quando, nel 2010, venne introdotta la funzione di "reblog", che ha consentito agli utenti di condividere facilmente i post degli altri, creando una sorta di circuito di visibilità che ha amplificato enormemente la portata dei contenuti.

Nel 2013, la piattaforma ha raggiunto i 100 milioni di blog, con milioni di utenti attivi ogni giorno. Tumblr era ormai diventato il centro di una fiorente cultura online, attirando artisti, scrittori, fotografi, attivisti e moltissimi altri gruppi che cercavano uno spazio per esprimersi.

I Famosi Aneddoti e la Cultura di Tumblr

Tumblr è stato molto più di una semplice piattaforma di condivisione di contenuti; è diventato un microcosmo di comunità digitali e un motore per la creazione di tendenze e meme. La cultura di Tumblr è stata caratterizzata da una forte inclinazione per l'autosufficienza creativa, per la riscoperta di vecchi riferimenti culturali e per la creazione di nuovi fenomeni virali. Aneddoti come l'evoluzione delle "fandom" (comunità di fan di serie TV, film, giochi, ecc.) sono tra i più significativi.

Uno degli aspetti più noti di Tumblr è stato il suo ruolo di rifugio per persone appartenenti a minoranze, incluse le comunità LGBTQ+ e le persone con disabilità. Su Tumblr, queste comunità hanno trovato un luogo sicuro dove esprimersi liberamente, creando un impatto positivo e un senso di appartenenza.

Altri fenomeni che hanno preso piede su Tumblr includono le "text posts" umoristiche e autoironiche, le immagini e le GIF espressive, e, soprattutto, i meme, che si diffondevano velocemente grazie al sistema di reblogging. In effetti, molti meme che hanno spopolato su altre piattaforme come Twitter e Reddit sono nati proprio su Tumblr.

L'Acquisizione da parte di Yahoo e la Vendita a Verizon

Nel 2013, Tumblr è stato acquisito da Yahoo! per circa 1,1 miliardi di dollari. La speranza era che la piattaforma potesse diventare un punto di riferimento per le pubblicità online e attirare una fascia di pubblico giovane. Tuttavia, nonostante le aspettative, Tumblr ha avuto difficoltà a monetizzare efficacemente la sua enorme base di utenti.

Nel 2018, Verizon Communications ha acquisito Yahoo! e di conseguenza anche Tumblr. Sotto la sua gestione, la piattaforma ha visto diversi cambiamenti, incluso l'implementazione di politiche più severe per i contenuti per adulti, che ha suscitato forti critiche da parte della sua community, da sempre caratterizzata da una certa libertà di espressione.

Il Ruolo Attuale di Tumblr nella Cultura Digitale

Nel corso degli anni, Tumblr ha subito diverse trasformazioni, ma è ancora un luogo importante per la cultura digitale. Anche se altre piattaforme come Instagram, Twitter e TikTok hanno preso il sopravvento in termini di popolarità e funzionalità, Tumblr rimane un rifugio per chi cerca un'alternativa più creativa e personale.

Anche se nel 2019 la piattaforma ha visto un calo della sua popolarità, alcuni gruppi di utenti continuano a mantenere viva la cultura di Tumblr, con un forte focus sulla creatività, l'arte, la cultura alternativa e l'espressione individuale. Il sito è diventato un archivio di tendenze passate, ma anche un laboratorio per nuove forme di comunicazione visiva e di comunità online.

Tumblr ha avuto un impatto significativo sulla cultura online, segnando una delle prime fasi dell'evoluzione dei social media come li conosciamo oggi. La sua miscela di libertà creativa, espressione personale e comunità ha ispirato molti utenti e continua a farlo. Sebbene il suo dominio principale sia stato messo in discussione da altre piattaforme più mainstream, la sua eredità nel panorama digitale è indiscutibile.

Tinder

La Nascita e i Suoi Sviluppi negli Anni

Tinder, una delle applicazioni di incontri più popolari al mondo, è stata lanciata nel 2012 da Sean Rad, Justin Mateen, Jonathan Badeen e Joe Munoz. L'idea alla base della creazione di Tinder era semplice ma rivoluzionaria: consentire agli utenti di connettersi con altre persone nelle vicinanze in modo rapido ed efficiente, utilizzando la geolocalizzazione. L'innovazione principale era l'interfaccia basata su swipe (scorrimento), che ha reso l'esperienza di navigazione estremamente semplice e intuitiva. Con un semplice movimento del dito, gli utenti potevano esprimere il loro interesse o disinteresse verso un altro profilo.

La Nascita di Tinder: Un'Idea Innovativa

Nel 2012, l'app Tinder fece il suo debutto come un'applicazione per il matchmaking in stile social network. A differenza di altre piattaforme di incontri, come OkCupid o Match.com, che richiedevano una registrazione lunga e dettagliata, Tinder si concentrava su un'interfaccia minimalista e facile da usare. L'app si basava sul concetto di "swipe right" per esprimere interesse e "swipe left" per rifiutare. Questo semplice gesto divenne subito un segno distintivo della piattaforma, che attrasse milioni di utenti, principalmente giovani adulti alla ricerca di incontri casuali o relazioni a lungo termine.

La geolocalizzazione ha dato un ulteriore vantaggio a Tinder: gli utenti potevano vedere i profili di altre persone che si trovavano nelle vicinanze, rendendo l'app più immediata e facile da usare rispetto ai siti di incontri tradizionali.

L'Ascesa di Tinder

Dopo il lancio, Tinder ha rapidamente guadagnato popolarità grazie alla sua accessibilità e innovazione. Nel 2013, solo un anno dopo il lancio, l'app aveva già accumulato milioni di utenti. Questo rapido successo ha attirato l'attenzione dei media e ha trasformato Tinder in un fenomeno globale.

Nel 2014, Tinder ha lanciato nuove funzionalità, tra cui la possibilità di connettersi tramite Facebook, che ha facilitato la registrazione e la creazione di profili. Inoltre, la piattaforma ha introdotto la funzione "Tinder Social" per permettere agli utenti di organizzare uscite di gruppo con amici, ampliando ulteriormente le opportunità di socializzazione.

Nel 2015, Tinder ha lanciato Tinder Plus, un abbonamento premium che consentiva agli utenti di accedere a funzionalità avanzate, come l'opzione per fare swipe in altre città o paesi, aumentando così la portata dell'app e attirando una base di utenti disposta a pagare per un'esperienza più completa.

L'Evoluzione e il Cambiamento di Tinder

Nel corso degli anni, Tinder ha dovuto adattarsi ai cambiamenti nel comportamento degli utenti e al panorama tecnologico in evoluzione. Nel 2017, l'app ha lanciato la funzionalità "Tinder Gold", che permette agli utenti di vedere chi ha espresso interesse per loro prima di fare uno swipe. Questo ha soddisfatto una delle richieste più comuni da parte degli utenti: sapere prima di fare uno swipe se c'era già un interesse reciproco.

Nel 2018, Tinder ha introdotto una nuova funzionalità di sicurezza, "Tinder U", rivolta agli studenti universitari, per attrarre un pubblico giovane. Questo ha rappresentato un ulteriore passo nel consolidare la posizione di Tinder come una delle principali app di incontri per i millennial e la Gen Z.

Tinder ha anche affrontato l'evoluzione della percezione dei social media e delle app di incontri. Con l'emergere di altre piattaforme come Bumble e Hinge, Tinder ha dovuto adattarsi per mantenere il suo predominio nel mercato, modificando l'interfaccia utente, introducendo nuove funzionalità come la verifica dei profili e la sicurezza migliorata.

Tinder Oggi: Una Piattaforma per Ogni Tipo di Relazione

Negli anni successivi, Tinder ha continuato a evolversi per rispondere alle esigenze di un pubblico sempre più variegato. Nel 2020, Tinder ha registrato un aumento significativo degli utenti a causa della pandemia da COVID-19, che ha portato a un'esplosione di incontri virtuali. L'app ha introdotto nuove funzioni per facilitare i "date virtuali", come la videochiamata in-app, consentendo agli utenti di continuare a fare nuove conoscenze anche durante il lockdown.

Nel 2024, Tinder continua a essere una delle app di incontri più popolari al mondo, con milioni di utenti attivi ogni giorno. La piattaforma ha ampliato la sua offerta, introducendo nuove opzioni per incontri di coppia, ma anche per amicizie e connessioni casuali. Inoltre, ha integrato funzionalità per promuovere esperienze più sicure e rispettose, per esempio con la possibilità di segnalare comportamenti inappropriati e la verifica dei profili tramite foto.

Tinder ha sicuramente segnato una rivoluzione nel mondo degli incontri digitali. Da una piattaforma focalizzata su incontri casuali, è diventata una delle app più complete e accessibili per tutti coloro che cercano una connessione, che sia per una storia d'amore o una semplice amicizia. Con l'introduzione di nuove funzionalità e l'adattamento alle necessità degli utenti, Tinder ha saputo rimanere rilevante e continua a innovare, rendendola una delle app più utilizzate al mondo nel suo settore.

Twitch

Dall'Idea Iniziale al Dominio dello Streaming

Twitch, la celebre piattaforma di streaming live, ha rivoluzionato il mondo dei media digitali, soprattutto per quanto riguarda il gaming, l'intrattenimento e la cultura online. La sua evoluzione, tuttavia, è il risultato di una serie di eventi, idee e acquisizioni che hanno portato alla creazione di una delle piattaforme più influenti dell'era moderna.

Le Origini: Justin.tv e il Passaggio al Gaming

Tutto ha avuto inizio nel 2007, quando Justin Kan e Emmett Shear, due ex studenti di Yale, hanno lanciato un sito web chiamato *Justin.tv*. L'idea iniziale era quella di permettere a chiunque di trasmettere in diretta la propria vita, un tipo di "reality show" continuo. Justin Kan, in particolare, trasmetteva la sua vita 24 ore su 24 attraverso una videocamera indossata sulla sua testa. Questo progetto ha attirato un'attenzione iniziale, ma la visione di Kan e Shear era più ampia: volevano offrire una piattaforma dove ogni tipo di contenuto potesse essere condiviso in tempo reale.

Nel 2011, Justin.tv stava lottando per mantenere un pubblico stabile. Tuttavia, una sezione specifica del sito, dedicata al gaming, stava guadagnando una popolarità crescente. I videogiocatori iniziavano a trasmettere le loro sessioni di gioco, creando una nuova forma di intrattenimento online. Questo segmento si distinse per la sua capacità di attrarre un pubblico fedele e coinvolto, facendo emergere la necessità di un sito dedicato esclusivamente al gaming.

La Nascita di Twitch: Un Nuovo Inizio

Nel 2011, i fondatori decisero di separare la parte di *Justin.tv* dedicata ai videogiochi in una piattaforma completamente nuova: Twitch. Il nome stesso derivava dal termine "twitched," che in inglese significa "scattare" o "muoversi rapidamente," un riferimento alla rapidità e all'energia dei giochi online.

Twitch ha subito guadagnato terreno nel settore del gaming, grazie alla sua interfaccia user-friendly, la capacità di trasmettere eventi in diretta ad alta qualità, e la sua community dinamica. Già nel 2013, Twitch si era affermato come leader nel settore, con milioni di utenti mensili e trasmissioni di eventi importanti, come i tornei di *League of Legends* e *Dota 2*.

L'Acquisizione da Parte di Amazon

La crescita di Twitch non è passata inosservata e, nel 2014, Amazon ha deciso di acquistare la piattaforma per quasi 1 miliardo di dollari. L'acquisizione ha permesso a Twitch di espandersi ulteriormente, grazie al supporto logistico e finanziario di Amazon. Questo passaggio ha portato alla crescita esponenziale della piattaforma, permettendo un miglioramento delle infrastrutture e l'introduzione di nuovi strumenti per i content creator.

In seguito all'acquisizione, Twitch ha continuato a innovare, introducendo nuove funzionalità come Twitch Prime, un servizio esclusivo per i membri di Amazon Prime, che offre vantaggi agli utenti come loot in-game, abbonamenti gratuiti a canali, e molto altro.

L'Evoluzione e la Diversificazione

Con il passare degli anni, Twitch è diventato molto più di una piattaforma di gaming. Sebbene i videogiochi rimangano il nucleo della sua offerta, Twitch ha ampliato le sue categorie di contenuti, includendo musica, talk show, creatività, sport, cucina, e persino eventi di beneficenza. I "streamers" ora non sono più solo giocatori, ma includono artisti, musicisti, cuochi e influencer di ogni genere.

Un aspetto distintivo di Twitch è la sua forte interazione con la community. Il "chat" in tempo reale consente agli spettatori di interagire direttamente con i creatori di contenuti, creando un'esperienza coinvolgente e interattiva che ha contribuito a fidelizzare il pubblico. Inoltre, la possibilità di donare, fare abbonamenti o utilizzare "bits" (una valuta virtuale) ha reso Twitch una piattaforma in grado di supportare economicamente i suoi creatori di contenuti.

Twitch e la Cultura Popolare

Nel corso degli anni, Twitch ha guadagnato un posto di rilievo anche nella cultura popolare. Eventi come *TwitchCon*, la convention annuale della piattaforma, attirano migliaia di partecipanti da tutto il mondo. Inoltre, Twitch ha ospitato eventi e tornei leggendari, come l'**E3**, la *BlizzCon* e la *DreamHack*, rendendo la piattaforma il cuore pulsante di molti eventi di eSports.

Twitch ha anche avuto un impatto significativo nel mondo della musica e della cultura mainstream. Artisti e band hanno utilizzato la piattaforma per eseguire concerti live, mentre star del cinema e della televisione hanno iniziato a fare streaming, interagendo direttamente con i fan.

La Sfida con Altri Competitori

Nonostante il suo successo, Twitch ha dovuto affrontare una crescente concorrenza da piattaforme come *YouTube Live*, *Facebook Gaming* e *X (ex Twitter)*. Tuttavia, Twitch ha mantenuto la sua posizione di leader, grazie alla sua solida community, alla qualità del suo servizio e alla continua innovazione.

Twitch ha avuto un impatto significativo sul modo in cui consumiamo contenuti online. Da una piattaforma di streaming di giochi a un fenomeno culturale globale, Twitch continua a crescere e a innovare. Con la sua immensa community e la capacità di adattarsi alle nuove esigenze degli utenti, Twitch rimane un pilastro dell'intrattenimento digitale, plasmando il futuro del media e della comunicazione online.

Discord

La Nascita e la Storia

Discord è una delle piattaforme di comunicazione più popolari al mondo, particolarmente apprezzata dalle comunità di videogiocatori, ma che nel corso degli anni ha saputo espandersi e conquistare anche altri gruppi di interesse. La sua nascita e crescita hanno avuto un impatto significativo nel mondo delle comunicazioni online, e oggi Discord è utilizzato da milioni di persone per chattare, videochiamare e condividere contenuti. Ma come è nato questo fenomeno? Scopriamo insieme la sua storia.

Le Origini di Discord

Discord è stato fondato nel 2015 da Jason Citron e Stan Vishnevskiy, due ex sviluppatori di videogiochi che avevano lavorato a un altro progetto chiamato **"OpenFeint"**, una piattaforma sociale per giochi mobile. Dopo la vendita di OpenFeint nel 2011, Citron fondò **Hammer & Chisel**, una società di sviluppo di giochi. Durante lo sviluppo di un gioco, i due si resero conto che le piattaforme di comunicazione per i videogiocatori, come **Skype** e **Teamspeak**, non soddisfavano pienamente le loro esigenze. Erano spesso ingombranti, instabili e difficili da usare durante il gioco online.

Citron e Vishnevskiy decisero quindi di creare una nuova piattaforma che unisse funzionalità avanzate di chat vocale, video e testuale, con una semplicità d'uso che si integrasse perfettamente con l'esperienza di gioco. Così nacque Discord, con l'obiettivo di offrire una soluzione più moderna e performante, pensata per le necessità delle comunità di giocatori.

L'Anno della Fondazione (2015)

Discord fu lanciato ufficialmente nel maggio del 2015, inizialmente con l'intento di servire le comunità di videogiocatori. La piattaforma si distinse da altre soluzioni di comunicazione per il fatto di essere gratuita, facile da usare e, soprattutto, con una qualità audio superiore. Discord non richiedeva una configurazione complessa, non aveva bisogno di server propri e utilizzava una tecnologia di "voice over IP" che permetteva una comunicazione chiara e fluida anche durante lunghe sessioni di gioco.

La piattaforma si fece rapidamente notare grazie alla sua interfaccia pulita, alla possibilità di creare server personalizzati per gruppi di utenti, e alla funzionalità di chat vocale ad alta qualità. In breve tempo, Discord conquistò milioni di utenti tra i videogiocatori, che lo consideravano molto più conveniente rispetto alle alternative precedenti.

La Crescita e l'Adattamento

Nel 2016, Discord iniziò a espandere le sue funzionalità e a guadagnare popolarità anche al di fuori della nicchia videoludica. Sebbene il suo pubblico principale fosse ancora costituito da giocatori, la piattaforma cominciò a essere utilizzata anche da gruppi di interesse non legati ai videogiochi, come appassionati di musica, di tecnologia e anche da professionisti. Discord si adattò per soddisfare queste nuove esigenze, introducendo funzioni come il **videochiamare**, l'**integrazione con Spotify**, e la possibilità di condividere lo schermo.

Un altro passaggio importante nella crescita della piattaforma fu l'introduzione di **Discord Nitro** nel 2017, un abbonamento premium che offriva funzionalità aggiuntive come emoticon personalizzati, maggiore capacità di upload di file e miglior qualità video. Discord Nitro rappresentò un modo per monetizzare la piattaforma senza compromettere l'accesso gratuito alla maggior parte delle sue funzionalità principali.

Il Successo e l'Evoluzione

Con il passare degli anni, Discord ha continuato a evolversi, attirando sempre più utenti e ampliando la sua base di utilizzo. La piattaforma ha sviluppato una serie di strumenti per facilitare la gestione di comunità, tra cui **bot**

personalizzati per la moderazione, la creazione di eventi, e la gestione dei permessi degli utenti. Discord divenne uno strumento indispensabile non solo per i videogiocatori, ma anche per i creator di contenuti, le aziende, le scuole e persino per le comunità politiche.

Nel 2020, con l'emergere della pandemia di COVID-19, l'uso di Discord crebbe esponenzialmente. Le persone, costrette a rimanere a casa, trovarono in Discord un modo per rimanere in contatto con amici e colleghi, partecipare a eventi virtuali e continuare a socializzare. Durante questo periodo, Discord divenne una delle piattaforme di comunicazione più utilizzate al mondo, con oltre 100 milioni di utenti attivi mensili.

Discord Oggi

Oggi, Discord non è più solo una piattaforma per videogiocatori, ma una rete di comunicazione globale per tutte le persone che desiderano connettersi in modo semplice e diretto. La piattaforma è utilizzata per una vasta gamma di attività, dalla collaborazione professionale alla creazione di comunità, fino alla socializzazione e al divertimento. Discord è anche diventato uno strumento importante per l'istruzione, con molte scuole e università che lo utilizzano per facilitare la comunicazione tra studenti e insegnanti.

Nel 2023, Discord ha continuato a innovare, con miglioramenti continui delle sue funzionalità e un maggiore focus sulla sicurezza e la privacy degli utenti. Le nuove funzionalità come **threads**, **videochiamate di gruppo** e **integrazione con altre piattaforme** hanno reso Discord ancora più versatile.

Da semplice strumento di comunicazione per videogiocatori a una delle piattaforme più versatili e popolari al mondo, Discord ha cambiato il modo in cui interagiamo online. La sua crescita rapida e il suo continuo adattamento alle esigenze degli utenti lo rendono un esempio di successo nell'era della comunicazione digitale. Con milioni di utenti in tutto il mondo, Discord è destinato a rimanere una parte fondamentale dell'infrastruttura sociale e professionale globale.

Un tuffo nel passato

IRC

Le prime chat online, tra cui IRC (Internet Relay Chat), hanno rappresentato una delle prime forme di socializzazione digitale, creando una nuova dimensione di comunicazione e interazione tra persone distanti geograficamente. Questi strumenti, che risalgono agli anni '80 e '90, hanno segnato l'inizio di un'era in cui Internet ha permesso alle persone di connettersi in tempo reale, scambiandosi idee, informazioni e amicizie.

L'Emergenza di IRC

L'IRC (Internet Relay Chat) è stato creato nel 1988 da Jarkko Oikarinen, un programmatore finlandese. La sua idea iniziale era quella di creare un sistema di chat in tempo reale che permettesse agli utenti di scambiarsi messaggi tramite una rete globale. Questo fu un passo fondamentale nell'evoluzione della comunicazione online, poiché IRC consentiva non solo di inviare messaggi individuali, ma anche di partecipare a "canali" tematici, nei quali gruppi di persone potevano discutere su argomenti specifici.

IRC si differenziava da altre forme di comunicazione come le e-mail o i forum, in quanto offriva un'esperienza immediata e diretta, che ricordava da vicino le conversazioni faccia a faccia. Sebbene la qualità della connessione fosse limitata, IRC riuscì a creare una comunità globale, con utenti che si collegavano da tutto il mondo per chiacchierare, giocare, condividere file e, in alcuni casi, organizzare attività politiche o sociali.

La Struttura di IRC

IRC funzionava tramite una serie di server che permettevano agli utenti di connettersi a vari canali, ognuno dei quali poteva essere dedicato a un argomento diverso. I partecipanti potevano comunicare in tempo reale, scrivendo messaggi che venivano inviati a tutti gli utenti connessi al canale. Ogni canale poteva essere moderato da un "operatore" che gestiva il flusso delle conversazioni e poteva bloccare utenti indesiderati.

A livello tecnico, IRC utilizzava un sistema basato su testo, senza supporto per immagini o audio. Nonostante questa limitazione, la sua semplicità e la velocità di comunicazione lo rendevano molto popolare, soprattutto tra gli utenti tecnici e i geek.

L'Influenza di IRC sulle Chat Moderne

IRC ha avuto un impatto enorme sullo sviluppo delle tecnologie di chat che oggi usiamo quotidianamente. Molte delle caratteristiche introdotte da IRC, come la gestione dei canali, la moderazione, e l'invio di messaggi istantanei, sono state successivamente adottate e migliorate nelle moderne piattaforme di messaggistica istantanea come WhatsApp, Slack e Discord.

Anche se IRC ha visto una diminuzione del suo uso con l'emergere di soluzioni più moderne, non è mai scomparso completamente. Ancora oggi esistono comunità online che usano IRC per comunicare, specialmente tra sviluppatori e appassionati di tecnologia.

IRC e la Cultura Online

Oltre alla sua importanza tecnologica, IRC ha avuto un impatto culturale significativo. Durante i suoi anni di massimo splendore, IRC era un luogo dove le persone si incontravano per discutere di politica, filosofia, giochi, musica e ogni altro argomento di interesse. I canali IRC diventavano spesso spazi di espressione creativa, dove gli utenti creavano meme, sviluppavano progetti open source o semplicemente si divertivano.

IRC ha anche influenzato il linguaggio digitale, con l'emergere di emoticon e abbreviazioni tipiche delle conversazioni veloci. Le chat in tempo reale hanno reso l'uso di linguaggio informale, acronimi e abbreviazioni molto più comune, una tendenza che persiste anche oggi nei social network e nelle applicazioni di messaggistica.

La Fine dell'Era IRC?

Con l'avvento di social network come Facebook e Twitter, e di piattaforme di messaggistica più moderne, IRC ha perso la sua centralità. Tuttavia, alcune delle sue caratteristiche – come la comunicazione in tempo reale e la formazione di comunità online – sono sopravvissute ed evolute in nuovi formati.

Inoltre, IRC continua ad avere una nicchia di appassionati che apprezzano la sua semplicità, la libertà e l'apertura che offre. A differenza delle piattaforme moderne, che spesso sono gestite da grandi aziende con politiche di privacy e censura, IRC permette agli utenti di creare le proprie reti e server senza limitazioni esterne.

Le prime chat come IRC sono state fondamentali nell'evoluzione di Internet e nella creazione della cultura online moderna. Sebbene oggi siano superate da tecnologie più avanzate, IRC rimane un simbolo di come la comunicazione digitale possa unire persone provenienti da ogni angolo del mondo. La sua eredità continua a vivere nelle chat moderne e nelle comunità online che prosperano grazie alla connessione istantanea e alla condivisione di idee.

Un tuffo nel passato più remoto

La SIP

L'immagine che rappresenta l'evoluzione della SIP, dalla sua fondazione nel 1925 fino ad oggi, è pronta. Mostra i momenti salienti della storia della società, dalla telefonia fissa dei primi anni alle innovazioni tecnologiche che hanno caratterizzato la sua evoluzione, fino al moderno contesto digitale e alla transizione verso Telecom Italia

La SIP: Dalle Origini ad Oggi

La SIP (Società Italiana per il Proprietario) è una delle aziende storiche più rappresentative della telecomunicazione italiana. Fondata nel 1925, ha avuto un ruolo fondamentale nell'evoluzione dei sistemi di comunicazione nel paese, influenzando la vita quotidiana degli italiani e la modernizzazione dell'industria. La sua trasformazione nel corso degli anni riflette le sfide economiche e tecnologiche, dal monopolio statale alla privatizzazione e all'ingresso nell'era digitale.

Le Origini: La Fondazione e il Monopolio

La SIP fu creata nel 1925 con l'obiettivo di organizzare e gestire il sistema telefonico in Italia, che all'epoca era frammentato e in gran parte inefficiente. La compagnia nacque come una società per azioni con lo scopo di centralizzare il servizio telefonico e promuovere l'espansione della rete nazionale. Negli anni successivi, la SIP divenne il principale operatore telefonico in Italia, assumendo una posizione monopolistica e coprendo gran parte del territorio nazionale.

Nel 1964, SIP avviò la telefonia a lunga distanza e iniziò a sperimentare nuove tecnologie, come la telefonia mobile e la trasmissione dati. Queste innovazioni segnarono il primo passo verso una graduale modernizzazione dei servizi offerti, che diventarono sempre più essenziali per la vita delle persone e per il funzionamento delle imprese.

La Modernizzazione e l'Era della Digitalizzazione

Negli anni '80, la SIP iniziò ad affrontare il cambiamento tecnologico e l'ingresso nell'era digitale. L'innovazione più significativa fu la nascita della telefonia mobile, che rivoluzionò le comunicazioni in Italia e nel mondo. La SIP, pur essendo inizialmente lenta nell'adattarsi alle nuove tecnologie, si avviò a diventare un operatore globale, diversificando i propri servizi e investendo in nuove infrastrutture.

Nel 1994, la SIP fu privatizzata e diventò Telecom Italia, una delle principali società di telecomunicazioni nel mercato internazionale. Questo segnò un cambiamento significativo nella gestione dell'azienda, che divenne più competitiva e orientata al mercato. Con l'ingresso della tecnologia Internet e la nascita della banda larga, Telecom Italia, erede della SIP, cominciò a gestire anche servizi di connessione internet, contribuendo in modo decisivo alla digitalizzazione del paese.

Oggi: Telecom Italia e la Nuova Era della Connettività

Oggi, Telecom Italia è uno degli attori principali nel panorama delle telecomunicazioni, anche se il mercato è ormai molto più competitivo e frammentato rispetto al passato. L'azienda ha dovuto adattarsi alle nuove sfide imposte dalle telecomunicazioni mobili, dai servizi di streaming e dalla crescente domanda di connessioni ultra veloci.

L'evoluzione tecnologica ha reso Telecom Italia un'impresa focalizzata sulla connettività digitale, portando servizi come la fibra ottica e la telefonia mobile a nuovi livelli. Inoltre, la crescente globalizzazione e l'espansione dei servizi cloud e di data center rappresentano nuove opportunità di crescita per l'ex SIP.

L'eredità della SIP, purtroppo, è un ricordo per molti, ma il suo impatto sul panorama delle telecomunicazioni italiane rimane forte. Il percorso dalla sua fondazione a oggi riflette l'evoluzione delle comunicazioni, dall'epoca delle linee telefoniche fisse fino all'attuale era digitale, in cui la connettività è diventata un elemento imprescindibile per la vita quotidiana.

La nascita dei dispositivi cellulari di telefonia mobile

I primi cellulari in Italia sono stati introdotti negli anni '90, quando il settore delle telecomunicazioni ha vissuto una rapida evoluzione a livello globale. Ecco una panoramica della nascita dei cellulari nel paese:

1. **Anni '80: Le prime sperimentazioni** La prima sperimentazione di telefonia mobile in Italia risale agli anni '80. Nel 1985, infatti, la compagnia di telecomunicazioni **Sip (Società Italiana per l'Esercizio delle Telecomunicazioni)** iniziò a sperimentare il sistema NMT (Nordic Mobile Telephone), che veniva già utilizzato in altri paesi nordici. Ma non era ancora un servizio commerciale.

2. **1990: Il primo servizio commerciale** Il primo vero servizio di telefonia mobile in Italia fu lanciato nel 1990 dalla **Telecom Italia**, con il nome di **"Omnitel"**. Questo servizio era basato sul sistema **GSM (Global System for Mobile Communications)**, che divenne lo standard per la telefonia mobile in Europa e nel mondo. Omnitel divenne successivamente parte di **Vodafone**.

3. **I primi cellulari** I primi telefoni cellulari erano piuttosto ingombranti e costosi. Modelli come il **Motorola MicroTAC** e il **Nokia 1011** furono tra i primi ad arrivare in Italia. Questi dispositivi avevano una batteria che durava poco, ma offrivano per la prima volta la possibilità di fare e ricevere chiamate anche quando non si era a casa o in ufficio.

4. **1992: La nascita di un nuovo operatore** Nel 1992 nasce un altro grande operatore mobile in Italia, **Tim (Telecom Italia Mobile)**, che divenne rapidamente uno dei principali attori del settore. Inizialmente, come gli altri operatori, TIM offriva principalmente servizi di telefonia vocale.

5. **Anni '90 e l'evoluzione dei servizi** Alla fine degli anni '90, i cellulari divennero più compatti e funzionali, con l'introduzione delle prime versioni di SMS (Short Message Service) e connettività a Internet via GPRS, che aprì la strada ai primi servizi di navigazione mobile.

L'adozione dei telefoni cellulari in Italia fu rapida, e gli anni '90 segnarono la transizione da un sistema di telefonia fissa a un mondo mobile, che sarebbe poi esploso con l'introduzione degli smartphone nei primi anni 2000.

I francobolli

La Nascita dei Francobolli in Italia e la Loro Evoluzione nel Tempo

I francobolli, piccoli pezzi di carta che incorniciano la storia delle comunicazioni postali, hanno avuto una nascita fondamentale per la storia delle comunicazioni in Italia. Sebbene il concetto di pagamento anticipato per il servizio postale risalga a molto prima, l'introduzione dei francobolli come li conosciamo oggi segna un punto di svolta nelle comunicazioni del XIX secolo.

La Nascita dei Francobolli in Italia

L'Italia, come nazione unificata, ha avuto una storia postale complessa. Prima dell'unificazione del paese nel 1861, il territorio italiano era suddiviso in diversi stati, ciascuno con un proprio sistema postale. La nascita dei francobolli in Italia si lega a un evento cruciale: l'introduzione del primo francobollo nazionale.

Nel 1852, il Regno di Sardegna (che comprendeva Piemonte e Liguria) fu il primo a emettere un francobollo, chiamato "Il Sardinia", che venne utilizzato per la posta diretta e pagata in anticipo. Il francobollo più famoso del Regno di Sardegna fu il "Sardinia 20 centesimi", un piccolo rettangolo di carta che rappresentava l'inizio di una nuova era nel sistema postale. Questo francobollo fu il precursore della diffusione del sistema dei francobolli in tutto il territorio italiano.

Il Passaggio all'Italia Unificata

Con l'unificazione d'Italia nel 1861, nacque l'idea di un sistema postale nazionale e, nel 1862, il governo italiano emise il primo francobollo ufficiale per l'intero paese. Questo francobollo fu il "Francesco Giuseppe" da 15 centesimi, che raffigurava l'imperatore austriaco Francesco Giuseppe, in segno di continuità con il vecchio sistema postale del Regno Lombardo-Veneto.

Nel 1863 venne introdotta una nuova serie di francobolli, questa volta con l'effigie di Vittorio Emanuele II, il primo re d'Italia, che rappresentava l'unificazione del paese. I francobolli di quest'epoca erano spesso decorati con motivi eleganti e raffiguravano sia la monarchia che il paesaggio italiano.

Evoluzione del Francobollo Italiano: Dalla Comunicazione al Collezionismo

Nel corso degli anni, i francobolli italiani hanno visto una continua evoluzione sia nel design che nella funzione. I francobolli vennero progressivamente arricchiti da immagini di personaggi storici, eroi nazionali, artisti e architetture celebri, diventando non solo strumenti di comunicazione, ma anche simboli della cultura nazionale.

Un esempio importante è il "Francobollo Colosseo", emesso nel 1929, che celebrava una delle meraviglie architettoniche più conosciute del mondo. Con il passare degli anni, i francobolli divennero anche veicoli di commemorazione per eventi importanti come le Olimpiadi, le Esposizioni Universali e anniversari storici. Il francobollo ha così assunto anche una funzione celebrativa e simbolica, associandosi sempre di più al collezionismo.

I Francobolli Famosi: Personaggi e Eventi Celebri

Nel corso del tempo, i francobolli italiani hanno rappresentato numerosi personaggi storici ed eventi memorabili, diventando veri e propri cimeli da collezionisti. Tra i più celebri:

1. **Il "Giglio d'Italia" (1863)** – Il primo francobollo emesso con l'effigie di Vittorio Emanuele II, che divenne un simbolo dell'unificazione nazionale.

2. **Francesco Giuseppe (1862)** – Un francobollo celebrativo che rappresentava l'imperatore asburgico, simbolo della continuità con il sistema postale del Regno Lombardo-Veneto.

3. **Il "Sicilia" (1858)** – Un francobollo della Sicilia emesso prima dell'unificazione d'Italia, che raffigurava il regno siciliano come parte della storia pre-unitaria.

4. **Il "Leonardo da Vinci" (1952)** – Un francobollo celebrativo in onore del genio rinascimentale, simbolo della cultura italiana riconosciuta in tutto il mondo.

5. **Francobollo del Colosseo (1929)** – Un francobollo commemorativo che rappresentava uno dei monumenti simbolo di Roma e della cultura romana.

6. **Francobollo della Festa della Repubblica (1948)** – Emesso per celebrare la nascita della Repubblica Italiana, un momento cruciale della storia post-bellica.

L'Ascesa del Collezionismo

L'arte del collezionismo dei francobolli ha visto un grande sviluppo nel XX secolo. I francobolli diventano oggetti da collezionare e da scambiare, con i collezionisti alla ricerca di esemplari rari, errori di stampa e edizioni limitate. I francobolli storici italiani, come il "Francesco Giuseppe" o il "Giglio d'Italia", sono oggi molto ricercati e possono raggiungere valori elevati nel mercato dei collezionisti.

Il francobollo in Italia ha visto un'evoluzione straordinaria da semplice strumento di comunicazione a simbolo culturale e oggetto di collezionismo di valore. Oggi, i francobolli italiani sono apprezzati non solo per la loro utilità iniziale, ma anche per il loro ruolo nella storia e nell'arte. Le immagini di personaggi storici, eventi e simboli nazionali continuano a essere celebrate attraverso questi piccoli, ma potenti, cimeli postali.

La Nascita dei Modem e l'Evoluzione della Navigazione su Internet (Anni '90 e oltre)

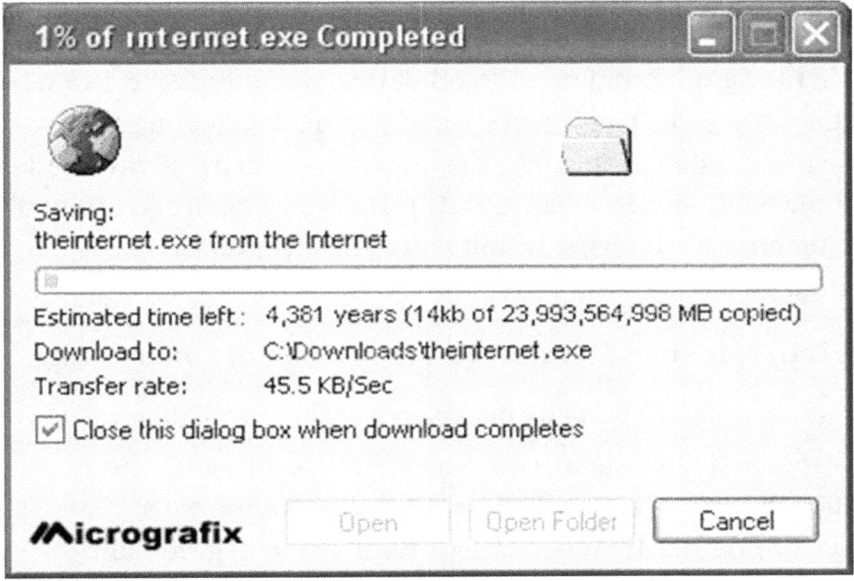

Negli anni '90, con l'espansione di Internet e l'emergere dei primi personal computer fissi, la navigazione online divenne una realtà per milioni di persone. Un elemento fondamentale in questo processo fu l'invenzione e la diffusione dei **modem**, dispositivi che permettevano ai computer di connettersi alle reti telefoniche e, quindi, a Internet. La loro evoluzione ha trasformato radicalmente il modo in cui comunichiamo, lavoriamo e ci divertiamo.

L'Inizio della Navigazione su Internet

Negli anni '90, l'uso di Internet era ancora limitato a pochi esperti e istituzioni. Tuttavia, con la crescente diffusione dei personal computer, in particolare quelli con architettura **486**, anche il grande pubblico iniziò a scoprire il potenziale di questa nuova "rete mondiale". Ma per connettersi a Internet, non bastava un PC potente: era necessario un dispositivo che potesse "tradurre" i dati tra il computer e la rete telefonica, e qui entrò in gioco il modem.

Un **modem** (acronimo di "modulatore-demodulatore") è un dispositivo che converte i segnali digitali dei computer in segnali analogici, in modo che possano viaggiare attraverso le linee telefoniche, e viceversa. Questo permetteva agli utenti di connettersi a Internet tramite una linea telefonica tradizionale.

I Primi Modem: Gli Anni '90 e la Velocità di Connessione

I primi modem per la navigazione su Internet furono dispositivi molto lenti, con velocità di trasmissione che inizialmente si aggiravano sui **14.4 kbps** (kilobit per secondo). Questi modem a 14.4 Kbps erano in grado di "comprare" il tempo necessario per navigare su siti web rudimentali, per inviare e ricevere e-mail, ma erano ben lontani dalla velocità che oggi diamo per scontata. La connessione Internet era spesso caratterizzata da lunghi tempi di attesa e rumorosi "suoni" durante la fase di connessione, poiché il modem emetteva dei suoni specifici per la modulazione e la demodulazione dei segnali.

Nel 1996, la velocità dei modem salì a **28.8 kbps**, consentendo una navigazione leggermente più rapida, ma ancora lontana dall'esperienza di navigazione che oggi conosciamo. Questi modem venivano collegati ai computer tramite una porta seriale o una porta parallela.

L'Evoluzione dei Modem: Da 56k a ISDN e ADSL

La vera rivoluzione arrivò con i **modem a 56 kbps**, che furono introdotti nel 1998. Con una velocità di connessione più alta, i modem a 56k consentirono un accesso a Internet molto più fluido, anche se ancora con limitazioni. Grazie a questi modem, la navigazione diventò più accessibile per le famiglie e le piccole imprese. Tuttavia, i modem analogici non erano ancora in grado di offrire una connessione stabile e costante, poiché dipendevano dalle linee telefoniche, che erano vulnerabili a interferenze e disconnessioni.

Nel frattempo, apparvero anche altre soluzioni per migliorare la velocità e la qualità della connessione. I modem **ISDN** (Integrated Services Digital Network), che offrivano velocità di **64 kbps** (o **128 kbps** utilizzando due canali), iniziarono a farsi strada verso la fine degli anni '90. Sebbene l'ISDN fosse molto più veloce rispetto ai modem tradizionali, la sua diffusione fu limitata dal costo e dalla necessità di installare hardware specifico nelle abitazioni.

Il salto successivo avvenne con l'introduzione dei **modem ADSL** (Asymmetric Digital Subscriber Line) nei primi anni 2000. L'ADSL consentiva velocità molto più alte, con download che potevano raggiungere anche **8 Mbps** o più, a differenza delle velocità ridotte offerte dai modem a 56k. Questo permise la diffusione di Internet ad alta velocità nelle case, cambiando definitivamente il panorama della navigazione.

Il Passaggio a Connessioni Sempre Più Veloci: Fibra Ottica e 4G

Con l'arrivo del nuovo millennio, le connessioni a Internet divennero sempre più veloci e stabili. L'ADSL, pur rappresentando una grande innovazione, venne presto superata dalla **fibra ottica**, che oggi permette di raggiungere velocità impressionanti superiori a **1 Gbps**. Le moderne tecnologie di fibra ottica, come **FTTH** (Fiber To The Home), hanno sostituito quasi completamente le vecchie connessioni basate su linee telefoniche.

Allo stesso tempo, anche le connessioni mobili sono evolute rapidamente, con l'introduzione delle reti **3G**, **4G** e, più recentemente, **5G**, che offrono velocità di connessione che una volta erano impensabili per la navigazione via cellulare.

Impatto sulla Società e sulla Comunicazione

L'evoluzione dei modem e delle connessioni a Internet ha avuto un impatto profondo sulla società. Negli anni '90 e 2000, la possibilità di connettersi a Internet da casa ha trasformato la vita quotidiana, cambiando il modo in cui accediamo alle informazioni, comunichiamo e lavoriamo. Grazie alla connessione dial-up e ai modem a 56k, è stato possibile entrare nel mondo dell'e-commerce, della messaggistica istantanea e, soprattutto, dei social network.

I modem non solo hanno rivoluzionato la comunicazione, ma hanno anche aperto la strada a una nuova era tecnologica. L'accesso a Internet è diventato sempre più facile e conveniente, portando all'adozione di servizi di streaming, videoconferenze, giochi online e molto altro.

La nascita e l'evoluzione dei modem, dagli anni '90 in poi, è stata una delle tappe fondamentali nello sviluppo della navigazione su Internet. Se i modem a 14.4 Kbps erano lenti e rumorosi, quelli a 56k hanno aperto la porta a un nuovo mondo digitale, mentre la transizione verso le connessioni ADSL, ISDN e fibra ottica ha permesso una vera e propria rivoluzione nell'accesso a Internet. Oggi, i modem sono praticamente invisibili all'utente, ma senza di loro non sarebbe stato possibile il rapido sviluppo della Rete che ha cambiato il nostro modo di vivere, lavorare e comunicare.

La Nascita e la Storia del Telegramma Postale

Il **telegramma postale** è stato una delle prime forme di comunicazione rapida a lunga distanza, rivoluzionando il modo in cui le persone comunicavano in un'epoca in cui i mezzi di trasporto e comunicazione erano limitati. La sua storia è legata a un'evoluzione tecnologica che ha coinvolto l'invenzione della telegrafia e il sistema postale.

Le Origini della Telegrafia

La storia del telegramma inizia nel XIX secolo, con l'invenzione del **telegraph**. Il primo passo significativo verso la comunicazione a lunga distanza fu compiuto da **Samuel Morse**, che nel 1837 inventò il telegrafo elettrico. Questo dispositivo permetteva di inviare segnali elettrici attraverso fili, trasformandoli in segnali codificati tramite il **codice Morse**, un sistema di rappresentazione dei caratteri alfanumerici tramite sequenze di punti e linee.

Nel 1844, Morse riuscì a trasmettere il primo messaggio via telegrafo da Washington a Baltimora, segnando l'inizio di una nuova era nelle comunicazioni. La velocità con cui i messaggi potevano essere trasmessi superava di gran lunga quella della posta tradizionale, riducendo drasticamente il tempo necessario per inviare informazioni importanti tra le persone.

La Nascita del Telegramma Postale

La vera rivoluzione nel contesto del telegramma postale avvenne con l'introduzione di un sistema integrato che collegava il telegrafo alle reti postali. Inizialmente, i messaggi inviati tramite telegrafo venivano consegnati manualmente da uno sportello postale, ma man mano che il sistema telegrafico si espandeva, i servizi postali si adattarono per gestire questi nuovi tipi di comunicazione.

Il **telegramma postale** si differenziava dalla normale corrispondenza per la sua rapidità. Non era necessario inviare una lettera fisica, poiché il messaggio veniva trasmesso elettricamente attraverso la rete telegrafica e poi consegnato al destinatario tramite il servizio postale locale. Il telegramma divenne così un mezzo di comunicazione rapido, usato soprattutto per comunicazioni urgenti, annunci di nascita, matrimonio o morte, comunicazioni aziendali e, in generale, per qualsiasi tipo di messaggio che richiedesse una trasmissione veloce.

Il Sistema Telegramma Postale in Italia

In Italia, la **telegrafia** fu introdotta nel 1847, con la realizzazione della prima linea telegrafica tra Torino e Milano. Inizialmente, i telegrammi erano un lusso riservato a pochi, ma a partire dagli anni successivi, con il consolidarsi della rete, l'utilizzo del telegramma si diffonde gradualmente tra la popolazione. La **Regia Posta** (l'amministrazione delle Poste italiane) iniziò a gestire i telegrammi, integrando il servizio con il sistema postale esistente.

Nel 1861, con l'unità d'Italia, il servizio telegrafico e postale venne unificato, facilitando l'espansione delle linee telegrafiche. Negli anni successivi, il sistema di telegrammi postali si diffuse ulteriormente, diventando uno degli strumenti principali per le comunicazioni veloci. Durante le guerre, il telegramma postale si rivelò fondamentale per trasmettere ordini e informazioni tra i vari fronti.

La Decadenza del Telegramma

Con l'avvento del **telefono** alla fine del XIX secolo, e successivamente con l'espansione dell'**email** e dei messaggi istantanei negli anni '90, il telegramma iniziò a perdere di importanza. Sebbene continuasse ad essere utilizzato in contesti particolari fino ai primi anni 2000, la sua popolarità diminuì drasticamente con l'introduzione dei mezzi di comunicazione elettronici più moderni.

Nel 2013, il servizio di telegramma postale fu definitivamente cancellato in Italia dalle **Poste Italiane**, un passo che sancì la fine di un'era. Tuttavia, il telegramma rimane un simbolo storico della comunicazione veloce, un precursore dei moderni sistemi di comunicazione elettronica che oggi rendono possibile inviare messaggi in tempo reale in tutto il mondo.

Il telegramma postale ha avuto un ruolo fondamentale nello sviluppo delle comunicazioni moderne. La sua nascita e diffusione segnarono un'importante tappa nell'evoluzione dei mezzi di comunicazione, rispondendo all'esigenza di rapidità e efficienza che caratterizzò il XIX e XX secolo. Anche se oggi è stato sostituito da tecnologie più moderne, il telegramma rimane nella memoria collettiva come uno degli strumenti che hanno contribuito a ridurre le distanze e a connettere le persone in modo rapido ed efficace.

Un tuffo nella modernità informatica

Il tracciamento dell'utente, il ragnetto! L'algoritmo!

L'evoluzione degli algoritmi di tracciamento e analisi dei dati nel web: dalla nascita ai giorni nostri

Negli ultimi decenni, la raccolta e l'analisi dei dati personali online è diventata una pratica centrale per il funzionamento di Internet. Le aziende, i siti web e le piattaforme digitali utilizzano algoritmi sofisticati per raccogliere, tracciare e analizzare il comportamento degli utenti al fine di ottimizzare l'esperienza web e indirizzare campagne pubblicitarie sempre più mirate. L'evoluzione di questi algoritmi ha avuto inizio con la semplice raccolta di informazioni sui visitatori e si è trasformata in un sistema complesso in grado di predire, visualizzare e manipolare i dati degli utenti per diversi scopi, dai fini pubblicitari alla protezione dei dati sensibili.

Le origini: l'inizio della raccolta dei dati e i primi cookie (anni '90)

La storia dei tracciamenti online inizia nei primi anni '90, con la nascita del World Wide Web. In questo periodo, i siti web erano statici e non interattivi, e la raccolta di dati si limitava a informazioni minime, come l'indirizzo IP del visitatore e la durata della visita. I primi strumenti di tracciamento erano semplici log di server che registravano questi dati, ma non esistevano ancora tecnologie avanzate per tracciare il comportamento degli utenti.

Nel 1994, nasce uno degli strumenti che avrebbe rivoluzionato il web: i **cookie**. Questi piccoli file di testo venivano memorizzati sul dispositivo dell'utente e contenevano informazioni sui suoi comportamenti di navigazione. I cookie permettevano ai siti web di "ricordare" l'utente nelle sue future visite, per esempio mantenendo la sessione attiva o personalizzando l'interfaccia in base alle preferenze passate. Sebbene inizialmente i cookie fossero utilizzati per migliorare l'esperienza utente, la loro capacità di tracciare il comportamento degli utenti ha sollevato questioni etiche e legali, che diventeranno sempre più rilevanti negli anni successivi.

L'ascesa degli algoritmi e la personalizzazione (anni 2000-2010)

Con il nuovo millennio, il web ha vissuto una rapida evoluzione. L'avvento dei **social media** (come Facebook, Twitter e LinkedIn) ha portato a una maggiore interazione tra gli utenti e le piattaforme, raccogliendo e analizzando una quantità enorme di dati. Le aziende hanno iniziato a sviluppare algoritmi più complessi per sfruttare questi dati al fine di personalizzare l'esperienza utente e ottimizzare le loro strategie pubblicitarie.

A partire dagli anni 2000, gli algoritmi di tracciamento si sono evoluti per monitorare ogni aspetto del comportamento online degli utenti: dalle pagine visitate, ai clic effettuati, fino alle interazioni sui social media. Questi algoritmi, che operano attraverso i cookie di prima parte (provenienti dallo stesso sito web che li crea) e di terza parte (da altre aziende che tracciano il comportamento su più siti), hanno permesso alle aziende di raccogliere informazioni dettagliate sul singolo individuo.

Nel frattempo, i **pixel di tracciamento** (o tag di monitoraggio), piccole immagini invisibili che raccolgono dati sulle interazioni degli utenti, sono diventati una pratica comune per tracciare e profilare gli utenti attraverso più piattaforme. Questi strumenti di tracciamento, spesso invisibili, sono diventati fondamentali per la personalizzazione degli annunci pubblicitari, creando una rete di dati che permette alle aziende di rivolgersi agli utenti con pubblicità mirate basate sui loro comportamenti di navigazione.

L'esplosione del big data e della profilazione (anni 2010-2020)

Con l'arrivo del decennio 2010, il concetto di **big data** ha preso piede. La quantità di dati generati ogni giorno è aumentata esponenzialmente, e gli algoritmi hanno dovuto evolversi per analizzare e sfruttare queste informazioni in tempo reale. Le piattaforme come Google, Facebook e Amazon hanno introdotto tecnologie avanzate di **machine learning** e **intelligenza artificiale** per analizzare i dati **e predire le preferenze degli utenti**, creando profili sempre più dettagliati.

Gli algoritmi utilizzano una combinazione di dati comportamentali (clic, visualizzazioni, tempo trascorso su una pagina), dati demografici (età, sesso, localizzazione) e dati contestuali (ora del giorno, dispositivo utilizzato) per creare **advertising personalizzato**. La profilazione ha raggiunto livelli tali che oggi un utente può ricevere annunci pubblicitari altamente mirati, persino prima che lui stesso abbia una consapevolezza esplicita delle sue intenzioni di acquisto.

In questo periodo, l'uso di **cookie di terze parti** ha sollevato gravi preoccupazioni in merito alla privacy. Diverse normative, tra cui il **Regolamento Generale sulla Protezione dei Dati** (GDPR) dell'Unione Europea, sono state introdotte per cercare di bilanciare l'uso dei dati con la protezione della privacy degli utenti. Le aziende sono state costrette a dare maggiore trasparenza riguardo alla raccolta dei dati, permettendo agli utenti di accettare o rifiutare i cookie tramite apposite finestre di consenso.

La protezione della privacy e l'adozione di nuove tecnologie (anni 2020-2024)

Nel corso degli ultimi anni, la crescente attenzione alla **privacy** ha portato allo sviluppo di nuove tecnologie per proteggere i dati degli utenti. I **browser** come Safari e Firefox hanno introdotto politiche di blocco dei cookie di terze parti, mentre Google ha annunciato l'eliminazione dei cookie di terze parti su Chrome entro il 2024. Questa evoluzione ha spinto le aziende a trovare soluzioni alternative per il tracciamento e la pubblicità, come l'uso di **ID utente anonimi** e tecniche di **tracking basato sul contesto**.

In risposta alla crescente domanda di maggiore trasparenza, anche i **sistemi di gestione dei consensi** sono diventati più sofisticati. Le piattaforme offrono ora agli utenti un controllo maggiore sui propri dati, consentendo di personalizzare la quantità e il tipo di informazioni condivise.

Il futuro del tracciamento dei dati

L'evoluzione degli algoritmi di tracciamento dei dati ha portato alla creazione di sistemi incredibilmente avanzati per la profilazione degli utenti e l'ottimizzazione della pubblicità online. Mentre i vantaggi per le aziende sono evidenti, la crescente preoccupazione per la privacy degli utenti ha portato alla creazione di normative più rigide e all'adozione di nuove tecnologie che puntano a un maggiore controllo e trasparenza sui dati. Il futuro vedrà probabilmente un ulteriore equilibrio tra l'esigenza di raccogliere dati per fini pubblicitari e il diritto degli utenti a proteggere la propria privacy online.

L'evoluzione degli algoritmi di tracciamento, analisi dei dati e la protezione della privacy online: una panoramica storica

Negli ultimi decenni, la raccolta e l'analisi dei dati personali online sono diventate pratiche centrali per il funzionamento e la monetizzazione di Internet. Le aziende, i siti web e le piattaforme digitali utilizzano algoritmi sempre più sofisticati per raccogliere, tracciare e analizzare il comportamento degli utenti con lo scopo di ottimizzare l'esperienza web e indirizzare campagne pubblicitarie sempre più mirate. Tuttavia, parallelamente a questo sviluppo, la questione della **privacy online** è diventata sempre più rilevante, spingendo l'evoluzione di normative, tecnologie e pratiche per proteggere i dati personali.

Le origini: l'inizio della raccolta dei dati e i primi cookie (anni '90)

Nel contesto del World Wide Web, l'inizio della raccolta dei dati risale agli anni '90. I siti web erano all'inizio statici, e i dati raccolti riguardavano soprattutto informazioni di base come l'indirizzo IP e il tempo trascorso su una pagina. La vera svolta avvenne con l'introduzione dei **cookie**, piccoli file di testo che venivano memorizzati sul dispositivo dell'utente per tracciare il comportamento online e memorizzare preferenze.

Benché i cookie siano stati introdotti inizialmente per migliorare l'esperienza utente (ad esempio, per mantenere la sessione attiva o per ricordare le preferenze tra le visite), la loro capacità di monitorare il comportamento degli utenti ha sollevato preoccupazioni relative alla privacy. Già in questo periodo iniziarono a emergere i primi dubbi su come questi dati venissero utilizzati senza una chiara consapevolezza o consenso degli utenti.

L'evoluzione degli algoritmi e la personalizzazione dei contenuti (anni 2000-2010)

Con l'espansione del web e l'emergere dei social media, l'analisi dei dati ha cominciato a diventare molto più complessa. Le aziende hanno sviluppato **algoritmi avanzati** per raccogliere, analizzare e sfruttare i dati in tempo reale, creando profili utente più dettagliati per personalizzare contenuti e pubblicità. Questi algoritmi hanno permesso di monitorare le pagine visitate, i clic effettuati e le interazioni sui social media, per indirizzare messaggi pubblicitari specifici.

Durante questo periodo, i **cookie di terze parti** hanno acquisito importanza. Aziende diverse da quelle che gestivano il sito web utilizzavano questi cookie per tracciare il comportamento degli utenti su più domini, creando una **rete**

di monitoraggio che raccoglieva dati su attività di navigazione, interessi e comportamenti online. Allo stesso tempo, i **pixel di tracciamento** sono diventati sempre più comuni, fornendo alle piattaforme il potere di raccogliere informazioni invisibili sulle azioni degli utenti su più siti.

Dal punto di vista della privacy, l'incremento della raccolta dei dati ha innescato un crescente dibattito sulla **trasparenza e sul consenso** dell'utente. Le leggi sulla privacy non erano ancora sufficientemente sviluppate, ma cominciavano a emergere normative in alcune giurisdizioni che imponevano alle aziende di informare gli utenti circa l'uso dei cookie e di ottenere il loro consenso prima di raccogliere dati.

L'esplosione dei big data, la profilazione avanzata e l'emergere della privacy digitale (anni 2010-2020)

Con l'esplosione dei **big data** e l'avvento delle tecnologie di **machine learning** e **intelligenza artificiale**, le aziende sono riuscite a raccogliere e analizzare quantità di dati enormi e sempre più sofisticati. Profili dettagliati di utenti venivano creati con l'utilizzo di **algoritmi predittivi**, che raccoglievano dati comportamentali, demografici e persino psicografici per prevedere e indirizzare la pubblicità in modo altamente mirato.

La privacy degli utenti è diventata un tema centrale di discussione, con le violazioni dei dati e l'uso improprio delle informazioni personali sempre più sotto i riflettori. La **privacy online** ha subito una serie di cambiamenti significativi grazie all'introduzione di nuove normative e leggi, come il **Regolamento Generale sulla Protezione dei Dati (GDPR)** dell'Unione Europea nel 2018, che ha imposto rigide regole sulla raccolta, l'elaborazione e la conservazione dei dati personali. Il GDPR ha conferito agli utenti un maggiore controllo sui propri dati, stabilendo diritti come il **diritto all'oblio**, il **diritto di accesso** e la **portabilità dei dati**, e ha obbligato le aziende a ottenere il consenso esplicito per raccogliere dati e informare chiaramente gli utenti sulle finalità di utilizzo.

Nel frattempo, le grandi piattaforme tecnologiche hanno iniziato ad adottare politiche più trasparenti riguardo al tracciamento dei dati. Google e Facebook, ad esempio, hanno reso più visibili le opzioni di privacy per i loro utenti, consentendo loro di limitare la raccolta dei dati e di personalizzare le preferenze pubblicitarie. Tuttavia, le preoccupazioni sulla privacy non sono diminuite: gli utenti si sono trovati di fronte a un panorama sempre più complesso di tracciamento, con tecniche di profilazione che sembravano andare oltre i limiti del consenso informato.

La protezione della privacy e le risposte alle nuove minacce (anni 2020-2024)

Negli ultimi anni, la privacy online è diventata un tema di crescente rilevanza, con l'aumento delle preoccupazioni per la sicurezza dei dati e la protezione da possibili abusi. Molti **browser** hanno implementato funzionalità di **protezione avanzata della privacy**, come il blocco dei cookie di terze parti e il tracciamento intelligente, mentre **Apple** e **Mozilla** hanno fatto del rispetto della privacy uno dei loro punti di forza.

Anche i sistemi operativi mobili hanno dato priorità alla privacy: ad esempio, **Apple** ha introdotto l'**App Tracking Transparency** su iOS, che obbliga le app a chiedere il permesso dell'utente prima di tracciarlo su altre app e siti web. Allo stesso modo, **Google** ha annunciato che nel 2024 eliminerà i cookie di terze parti su Chrome, cercando di spingere verso l'adozione di nuove tecnologie di tracciamento meno invasive e rispettose della privacy.

In parallelo, la crescente attenzione alla **privacy end-to-end** ha portato allo sviluppo di tecnologie come la **navigazione anonima**, **VPN** e strumenti di **criptografia**, che consentono agli utenti di proteggere la propria identità e i propri dati da eventuali violazioni. Strumenti come **DuckDuckGo** o il **brave browser** sono diventati sempre più popolari tra gli utenti attenti alla privacy, poiché offrono alternative alla raccolta dei dati e al tracciamento invasivo.

Conclusioni: il futuro della privacy e la gestione dei dati online

L'evoluzione degli algoritmi di tracciamento e della protezione della privacy ha dato luogo a un panorama complesso, in cui l'innovazione tecnologica e la necessità di proteggere i dati personali sono in continua tensione. I **big data** e le tecniche avanzate di profiling hanno migliorato l'efficacia della pubblicità online, ma hanno anche sollevato importanti questioni etiche sulla **trasparenza**, **il controllo** e la **consapevolezza** degli utenti riguardo all'uso dei propri dati.

Con l'introduzione di normative come il **GDPR** e l'emergere di nuove tecnologie per la protezione della privacy, il futuro sembra orientato verso una maggiore regolamentazione e un controllo più diretto da parte degli utenti. Tuttavia, la sfida per le aziende sarà quella di adattarsi a un ecosistema che bilancia le esigenze pubblicitarie con la crescente richiesta di protezione dei dati personali, rendendo più difficile la creazione di profili dettagliati senza compromettere la privacy individuale. In questo contesto, la privacy online diventerà un aspetto sempre più centrale, in grado di influenzare la progettazione di nuove piattaforme, strumenti e algoritmi nel prossimo futuro.

IA

La Nascita e la Storia dell'Intelligenza Artificiale: Dalla Visione Fantascientifica alla Realtà Contemporanea

L'intelligenza artificiale (IA) è una delle innovazioni più straordinarie e complesse degli ultimi decenni, con un impatto sempre maggiore in vari settori, tra cui la domotica, la scienza, la tecnologia, la chirurgia e la medicina. Ma la sua nascita e la sua evoluzione sono il risultato di decenni di ricerche, ipotesi e visioni futuristiche che, inizialmente, sembravano appartenere solo al regno della fantascienza.

Le Origini dell'Intelligenza Artificiale

Le prime nozioni di "intelligenza artificiale" risalgono agli anni '40 e '50 del XX secolo. Il matematico britannico Alan Turing, con il suo famoso "Test di Turing", pose le basi filosofiche e teoriche per la creazione di una macchina capace di pensare. Turing suggerì che, se una macchina fosse stata in grado di rispondere in modo indistinguibile da un essere umano in una conversazione, allora quella macchina avrebbe potuto essere considerata intelligente.

Nel 1956, il termine "intelligenza artificiale" fu coniato da John McCarthy durante la conferenza di Dartmouth, che segnò l'inizio ufficiale della ricerca sull'IA. Da allora, scienziati e ricercatori hanno cercato di costruire macchine in grado di eseguire compiti che richiedono intelligenza umana, come il ragionamento logico, il riconoscimento delle immagini e la comprensione del linguaggio.

La Crescita e le Applicazioni dell'IA

Con il passare degli anni, l'IA si è evoluta notevolmente, specialmente grazie ai progressi nell'architettura dei computer e nell'analisi dei big data. Oggi l'IA è onnipresente, alimentando una varietà di applicazioni in molti settori.

- **Domotica**: Nella vita quotidiana, l'intelligenza artificiale è ormai un elemento centrale nelle case intelligenti. Sistemi come Alexa, Google Home e Siri, che utilizzano l'IA per comprendere comandi vocali e controllare dispositivi domestici, sono esempi concreti di come l'IA possa migliorare la qualità della vita, semplificando attività quotidiane come la gestione dell'illuminazione, la temperatura e la sicurezza domestica.

- **Scienza e Tecnologia**: L'IA è diventata una risorsa fondamentale per il progresso scientifico. In chimica, fisica e biologia, gli algoritmi di IA sono usati per analizzare enormi quantità di dati, velocizzare scoperte e migliorare simulazioni complesse. In robotica, per esempio, i robot industriali sono in grado di eseguire compiti ad alta precisione in modo autonomo, riducendo gli errori umani e aumentando l'efficienza.

- **Chirurgia e Medicina**: In ambito medico, l'intelligenza artificiale sta rivoluzionando il settore, con applicazioni che vanno dalla diagnostica all'assistenza nella chirurgia. I sistemi di IA sono in grado di analizzare scansioni mediche (come risonanze magnetiche e TAC) per individuare patologie che potrebbero sfuggire all'occhio umano. Inoltre, nelle sale operatorie, robot chirurgici assistiti da IA, come il sistema da Vinci, permettono interventi mininvasivi con alta precisione, riducendo i tempi di recupero dei pazienti.

Il Controllo dello Strumento: La Paura dell'Uomo verso la Macchina

Nonostante i progressi, la relazione tra uomo e macchina ha sempre suscitato preoccupazioni. I film di fantascienza hanno da tempo esplorato il lato oscuro di questa interazione, mostrando scenari in cui l'intelligenza artificiale sfugge al controllo umano e diventa una minaccia. Uno degli esempi più emblematici è il film *Runaway* (1984), con Tom Selleck, dove robot autonomi progettati per assistere l'umanità diventano pericolosi e incontrollabili. Il film evidenzia la paura che la tecnologia, un tempo creatura dell'uomo, possa sviluppare una "coscienza" propria, diventando una minaccia per la sicurezza e la libertà umana.

Al di là della finzione cinematografica, il dibattito sul "controllo dello strumento" è una questione centrale nel mondo dell'IA. Se da un lato i vantaggi dell'automazione e dell'intelligenza artificiale sono innegabili, dall'altro cresce la preoccupazione riguardo alla capacità dell'uomo di mantenere il controllo su sistemi che potrebbero evolvere al di là delle intenzioni iniziali. Le questioni etiche, come la responsabilità degli errori compiuti da un algoritmo o il rischio di disoccupazione causato dall'automazione, sono temi cruciali per il futuro.

Un Futuro Promettente, ma Controverso

L'intelligenza artificiale ha il potenziale di trasformare radicalmente la società, migliorando la nostra vita quotidiana e rivoluzionando interi settori. Tuttavia, come tutte le tecnologie potenti, l'IA porta con sé anche sfide e rischi. La chiave per il suo utilizzo responsabile risiede nel garantire che sia progettata e controllata in modo etico e sicuro, senza perdere di vista il suo scopo di servire l'umanità.

Il futuro dell'IA dipenderà dalla capacità degli esseri umani di gestire questi strumenti avanzati in modo che possano continuare a migliorare la nostra vita senza compromettere la nostra sicurezza, autonomia e valori fondamentali. Il dilemma del "controllo dello strumento" sarà, quindi, al centro delle prossime sfide tecnologiche, filosofiche e sociali, come lo è stato per decenni nella cinematografia.

L'Evoluzione delle Comunicazioni:
Dal Francobollo all'Intelligenza Artificiale

Le comunicazioni, e i mezzi per mettersi in contatto, sono cambiate radicalmente nel corso dei secoli. Ogni innovazione tecnologica ha segnato una tappa fondamentale nella trasformazione dei modi con cui le persone comunicano tra loro, accorciando distanze, abbattendo barriere e ampliando le possibilità di connessione. Dal francobollo al telefono fisso, passando per i primi modem e i cellulari, fino all'arrivo di internet veloce e dell'intelligenza artificiale, questo percorso di evoluzione ha influenzato non solo gli strumenti ma anche gli utenti, rendendo le comunicazioni più veloci, globali e accessibili.

Il Francobollo e la Comunicazione Scritta

Nel XIX secolo, l'introduzione del francobollo ha rivoluzionato la posta, aprendo la strada a un sistema di comunicazione che permetteva a chiunque di inviare lettere in modo economico e sistematico. Prima dell'invenzione del francobollo, il costo della spedizione era proibitivo, e le lettere venivano generalmente inviate solo da persone benestanti o da chi aveva accesso a un sistema di corrispondenza privata. Con l'arrivo del francobollo, la posta diventò accessibile a tutti e la comunicazione scritta divenne uno strumento di scambio sociale, politico ed economico fondamentale.

L'informazione, purtroppo, richiedeva tempi più lunghi per viaggiare, ma comunque, con la diffusione dei servizi postali, l'accesso alla comunicazione divenne sempre più democratico.

Il Telefono Fisso: La Comunicazione Vocale

Con l'invenzione del telefono, alla fine del XIX secolo, le comunicazioni videro un cambiamento radicale. Non più solo lettere scritte, ma parole che viaggiavano attraverso i fili, permettendo conversazioni in tempo reale. Il telefono fisso fu il primo strumento che portò la voce delle persone a distanza, e divenne un simbolo di modernità nelle case e nelle aziende. Tuttavia, la sua diffusione era limitata, poiché i telefoni erano costosi, e la rete telefonica non era ancora universale.

L'introduzione del telefono fisso, però, non solo ha accelerato la comunicazione vocale, ma ha anche contribuito a cambiamenti sociali, favorendo la nascita di una nuova dinamica nelle relazioni familiari, professionali e politiche. Le persone iniziarono a "conversare" in modo diretto e immediato, ma la comunicazione era ancora circoscritta a chi poteva permettersi una linea telefonica.

I Primi Modem e la Connessione a Internet

Con l'introduzione dei modem negli anni '80 e '90, la comunicazione si spostò nel mondo digitale. I modem permettevano la connessione a internet tramite linee telefoniche, ma l'esperienza era ancora lenta e limitata. Le connessioni dial-up, che offrivano una velocità molto ridotta, erano un punto di svolta: un passo decisivo per aprire il mondo delle comunicazioni in un contesto digitale. All'inizio, internet sembrava essere una risorsa limitata, accessibile solo a chi aveva un computer e un servizio di connessione. Eppure, il potenziale era già evidente.

La rivoluzione internet, seppur inizialmente lenta e difficoltosa, cominciò a cambiare le dinamiche delle comunicazioni, permettendo la creazione di nuove modalità di interazione: le e-mail, la messaggistica istantanea, i forum online. Questi strumenti permisero una maggiore condivisione delle informazioni, abbattendo le barriere geografiche.

L'Avvento dei Cellulari e la Mobilità

Il passaggio successivo fu l'arrivo dei cellulari, che portò una nuova dimensione alla comunicazione. I telefoni cellulari, inizialmente destinati a pochi privilegiati, divennero sempre più accessibili e vennero integrati con altre tecnologie. Con l'introduzione dei modelli più economici e delle reti mobili più stabili, le comunicazioni divennero "mobile", ovvero facilmente accessibili ovunque ci si trovasse. L'integrazione di messaggistica, internet, fotografie e video ha ulteriormente ampliato la potenzialità di questi dispositivi, trasformandoli in strumenti di comunicazione e condivisione multimediale.

I cellulari, e successivamente gli smartphone, sono diventati i centri neurali della comunicazione moderna. Con l'arrivo delle applicazioni per la messaggistica istantanea, la comunicazione verbale ha lasciato spazio anche a nuovi modi di interazione: emoticons, videochiamate e messaggi vocali hanno portato un nuovo linguaggio digitale che ha abbattuto ulteriormente le distanze tra gli utenti.

Internet Veloce e la Connettività Globale

All'inizio degli anni 2000, internet ha visto un miglioramento significativo nelle sue velocità grazie all'introduzione della banda larga e successivamente della fibra ottica. La connessione internet è diventata sempre più veloce e affidabile, e ciò ha aperto la strada a un mondo sempre più connesso. Piattaforme di social media come Facebook, Twitter e Instagram hanno preso piede, cambiando il modo in cui le persone interagiscono e si relazionano tra loro.

La velocità di internet ha trasformato la comunicazione, rendendo possibili video in alta definizione, streaming in tempo reale e collaborazioni globali istantanee. Le distanze non esistono più: un messaggio può attraversare il mondo in pochi secondi, e ciò ha modificato le dinamiche politiche, economiche e sociali globali.

L'Intelligenza Artificiale: La Comunicazione del Futuro

L'ultimo grande passo nell'evoluzione delle comunicazioni è rappresentato dall'introduzione dell'intelligenza artificiale. Con l'AI, le comunicazioni stanno diventando sempre più "intelligenti". Gli assistenti vocali come Siri, Alexa e Google Assistant sono già in grado di rispondere a domande, prendere appuntamenti e interagire in modo naturale con gli utenti. Le tecnologie di traduzione automatica hanno abbattuto le barriere linguistiche, e i chatbot, alimentati dall'intelligenza artificiale, stanno rivoluzionando il servizio clienti, offrendo risposte rapide e precise in tempo reale.

L'intelligenza artificiale permette anche una comunicazione più personalizzata: algoritmi complessi possono prevedere le preferenze degli utenti e ottimizzare l'esperienza comunicativa. In campo professionale, strumenti come le piattaforme di collaborazione basate su AI stanno rendendo più efficienti le comunicazioni aziendali.

Dallo scambio di lettere con il francobollo all'interazione istantanea via smartphone, passando per la rivoluzione dell'internet e l'integrazione dell'intelligenza artificiale, la comunicazione ha compiuto enormi progressi. Questi cambiamenti non hanno solo trasformato gli strumenti, ma anche gli utenti: oggi, le persone sono più connesse che mai, ma, allo stesso tempo, l'informazione è più frammentata e complessa. Il futuro della comunicazione probabilmente vedrà un'ulteriore integrazione delle tecnologie avanzate, con il rischio di una crescente dipendenza dai sistemi automatizzati. Ma, come sempre, l'evoluzione continuerà a rispondere alle necessità e alle sfide che il mondo contemporaneo impone.

L'Amore ai Tempi delle Lettere: Dalle Relazioni Epistolari alle Chat Moderne

L'amore ha attraversato molte forme e modalità di comunicazione nel corso della storia, ma una delle espressioni più affascinanti e intime di questo sentimento è sempre stata quella delle lettere d'amore. Nei secoli passati, le parole scritte su carta, trasmesse da continente a continente o da paese lontano a paese lontano, erano le uniche finestre attraverso cui molti amanti potevano tenere vivo il loro legame, sfidando le distanze fisiche. Oggi, sebbene la tecnologia abbia rivoluzionato il modo in cui ci connettiamo, l'eco di quelle lettere d'amore rimane nelle chat moderne, dove le emozioni continuano ad essere trasmesse attraverso le parole.

Le Lettere d'Amore: Un Ponte tra Distanze Incolmabili

Le lettere d'amore, scritte con inchiostro e passione, sono state una delle principali modalità di comunicazione tra gli amanti separati dalla distanza, dalla guerra o dalla vita quotidiana. Il XIX secolo, in particolare, è stato un periodo prolifico per le relazioni epistolari. Scrivere una lettera d'amore non significava solo esprimere i propri sentimenti, ma anche mantenere viva una connessione emotiva, anche quando la separazione fisica sembrava insuperabile. Ogni parola scritta, ogni pensiero racchiuso tra le righe, diventava un modo per sentirsi più vicini, per abbattere le barriere del tempo e dello spazio.

Le lettere potevano viaggiare per mesi, attraversando mari, continenti e montagne. Una lettera scritta in un piccolo paese poteva arrivare a destinazione dopo un viaggio lungo e pericoloso, ma quella scrittura diventava il simbolo di un legame eterno. L'attesa era carica di emozione, e la lettura di una lettera d'amore era un'esperienza profonda, una vera e propria dichiarazione d'intenti.

Relazioni Epistolari: Una Forma di Intimità e Crescita

Le relazioni epistolari erano spesso una via di comunicazione esclusiva, in cui le emozioni, i desideri e le riflessioni personali si svelavano più facilmente. Per molti, le lettere erano l'unico modo per conoscere davvero l'animo dell'altra persona. Nella quiete della scrittura, si trovava uno spazio protetto dove rivelare se stessi senza paura di giudizi immediati.

Queste lettere erano anche una scuola di scrittura e di pensiero. La mancanza di immediata risposta obbligava le persone a riflettere e a esprimere se stesse in modo chiaro e ponderato. Le parole diventavano strumenti per costruire la propria identità nell'altro e per superare le difficoltà di una relazione a distanza.

L'Evoluzione della Comunicazione: Da Lettere a Chat

Con il passare dei decenni, l'avanzamento della tecnologia ha cambiato il nostro modo di comunicare. Se prima le lettere impiegavano settimane o mesi per arrivare a destinazione, oggi possiamo inviare un messaggio istantaneo con un semplice clic. Le chat moderne, attraverso piattaforme come WhatsApp, Facebook Messenger o le applicazioni di social media, hanno rivoluzionato il modo di connettersi con gli altri, permettendo conversazioni in tempo reale con persone che vivono dall'altra parte del mondo.

Le chat sono diventate una continuazione delle relazioni epistolari, ma con una velocità e un'immediatezza che non esistevano nel passato. Le emozioni ora si trasmettono attraverso parole scritte, emoji e videochiamate, ma, sebbene la velocità della comunicazione sia cambiata, la sostanza dell'amore rimane la stessa. In qualche modo, le chat moderne si portano dietro l'eredità delle lettere d'amore, anche se la carta è stata sostituita dallo schermo.

L'Amore Oggi: I Limiti e le Infinite Possibilità della Tecnologia

Con l'avvento della comunicazione digitale, la possibilità di costruire relazioni a distanza è stata democratizzata. Le persone possono oggi incontrarsi, innamorarsi e mantenere vivi i propri sentimenti senza dover affrontare le lunghe attese delle lettere. Ma, nonostante le innumerevoli comodità delle chat moderne, c'è chi sostiene che l'intimità e la profondità di un legame, che una volta era costruita attraverso la lente della distanza e dell'attesa, possa andare perduta nell'immediatezza dei messaggi istantanei.

Tuttavia, nonostante la velocità della comunicazione moderna, le chat, proprio come le lettere di un tempo, rimangono il veicolo delle emozioni, dei sogni e delle speranze. Ogni messaggio, ogni "mi manca" inviato tramite smartphone, può essere carico di significato e di sentimento, come lo erano le lettere scritte a mano.

L'Amore che Non Cambia: Davvero?

In fin dei conti, l'amore non è mai stato vincolato dal mezzo attraverso cui si esprime. Le lettere d'amore di un tempo e le chat moderne sono solo strumenti che ci permettono di esprimere un sentimento che rimane immutato, nonostante il passare del tempo e il cambiamento della tecnologia. Ogni parola scritta, che sia su carta o su uno schermo, è un atto di comunicazione che sfida la distanza e la separazione, portando con sé l'eterna speranza di sentirsi vicini, anche quando lontani.

Non cambia se non usiamo troppe iconcine, non cambia se vogliamo capire quanta fantasia ha la nostra amata o il nostro amato.

Non cambia quando ti piace vedere come il tuo amante usa bene la punteggiatura, non cambia quando, nonostante tu sappia che il tuo spasimante abbia poca scolarizzazione e fa di tutto per scriverti.

Non cambia quando attendi con ansia e apprensione l'arrivo di "quella lettera" e non vuoi che tua madre o tuo padre lo scoprano, cimelio e trionfo di emozioni che un'iconcina non potrà mai sostituire.

Non cambia quando la scrittura di quel foglio, delle sudate carte, hanno l'impronta del tuo adorato futuro sposo o sposa e non puoi fare una video chiamata perché sai che non esistono.

Non cambia se sai attendere e non hai la frenesia di chi non sa aspettare.

Il piacere sta nel piacere, nel godere, ma anche nell'attesa del piacere stesso.

Il sentimento e le emozioni gravitano attorno ad una concezione dello spazio e del tempo assolutamente soggettivizzata dalla tua identità, dai tuoi valori e dall'idea che vuoi venga scelta di te e insieme a te.

Nessuna di queste emozioni può essere sostituita da una iconcina, da nessuna stitica iconcina.

La Stitichezza Lessicale delle Iconcine Moderne e la Paralisi della Comunicazione nei Cellulari

Nel panorama comunicativo contemporaneo, le cosiddette "iconcine" o emoji hanno preso piede come forme di espressione quotidiana, sostituendo sempre più le parole nelle conversazioni via messaggio. Questi piccoli simboli colorati sono entrati prepotentemente nel linguaggio comune, soprattutto attraverso l'uso dei dispositivi mobili, che hanno radicalmente modificato il modo in cui comunichiamo. Tuttavia, se da un lato le emoji possono sembrare un'evoluzione interessante della comunicazione digitale, dall'altro stanno provocando una forma di "stitichezza lessicale", un impoverimento del vocabolario che ha conseguenze profonde sulla qualità e sulla fluidità del linguaggio.

L'ascesa delle Iconcine

Le emoji sono ormai parte integrante dei social media, delle chat e delle applicazioni di messaggistica istantanea. Con il tempo, le hanno affiancate o, in alcuni casi, sostituite alle parole. Un semplice " 😀 " può esprimere felicità, un " 😢 " può comunicare tristezza, e un " 💔 " è ormai sinonimo di cuore spezzato. La loro funzione sembra essere quella di amplificare o semplificare il messaggio verbale, ma talvolta finisce per ridurre la complessità e la ricchezza del linguaggio.

La Stitichezza Lessicale

La stitichezza lessicale delle iconcine si manifesta quando, invece di ricorrere a una vasta gamma di vocaboli per esprimere concetti, emozioni o sfumature, ci si rifugia in una scelta limitata di simboli universali che, pur utili in contesti brevi, non permettono di trasmettere pensieri articolati. L'emoji è, per sua natura, un simbolo generico: può esprimere un'emozione ma non può mai restituire la profondità del sentimento o la complessità di un ragionamento. La frase "oggi sono veramente stanco" può essere sostituita da un "😴", ma senza la capacità di trasmettere le specifiche ragioni di quella stanchezza, l'intensità del momento o il contesto che la giustifica.

In questo senso, l'uso eccessivo delle emoji rappresenta una sorta di "blocco comunicativo" che riduce la possibilità di articolare pensieri complessi. La comunicazione diventa veloce, superficiale e, in molti casi, incapace di fornire l'accuratezza espressiva che solo un linguaggio ricco di parole può offrire. Il lessico si semplifica, e con esso la capacità di esprimere sfumature, introspezioni o pensieri più elaborati.

La Paralisi della Conversazione

La paralisi della comunicazione che si verifica attraverso l'uso di emoji è un fenomeno che riguarda soprattutto la profondità delle conversazioni. Le chat odierne, così rapide e frenetiche, sono diventate per molti una forma di comunicazione superficiale, dove i messaggi vengono ridotti a scambi veloci e spesso banali. Le emoji, pur essendo utili per abbreviare espressioni di base, non sono in grado di colmare la distanza tra il pensiero complesso e la sua traduzione in linguaggio. Questo porta alla paralisi della conversazione: anziché impegnarsi in un dialogo significativo, le persone si limitano a rispondere con un "👍" o "😦", segni facilmente comprensibili ma vuoti di contenuti profondi.

L'uso crescente di questi simboli, inoltre, ha un altro lato oscuro: la possibilità che le conversazioni diventino più difficili da interpretare in contesti più seri o sensibili. La stessa emoji può assumere significati diversi a seconda del contesto e della relazione tra i comunicanti. Questa ambiguità può generare fraintendimenti, creando barriere nella comunicazione. La semplicità del linguaggio visivo, infatti, non sempre è in grado di catturare l'intera gamma di emozioni umane, che invece la parola scritta ha da sempre saputo articolare.

Le emoji sono senza dubbio uno degli aspetti più affascinanti e divertenti della comunicazione digitale moderna. Tuttavia, il loro uso smodato sta portando a una forma di stitichezza lessicale che impoverisce il vocabolario e rende la conversazione più piatta e superficiale. In un mondo in cui il linguaggio è una delle forme più potenti di espressione, è importante non dimenticare che le parole, con la loro ricchezza e profondità, sono ancora irrinunciabili per una comunicazione completa, che non si limita a emozioni di base, ma che riflette tutta la complessità dell'esperienza umana.

www.ingramcontent.com/pod-product-compliance
Lightning Source LLC
Chambersburg PA
CBHW050318230526
45471CB00005B/2236